Desenhando com todos os lados do cérebro
possibilidades para transformação das imagens escolares

Desenhando com todos os lados do cérebro
possibilidades para transformação das imagens escolares

Maria Letícia Rauen Vianna

Rua Clara Vendramin, 58 . Mossunguê
CEP 81200-170 . Curitiba . PR . Brasil
Fone.: [41] 2106-4170
www.intersaberes.com
editora@editoraintersaberes.com.br

Dr. Ivo José Both (presidente)	Conselho editorial
Dr.ª Elena Godoy	
Dr. Nelson Luís Dias	
Dr. Neri dos Santos	
Dr. Ulf Gregor Baranow	
Lindsay Azambuja	Editora-chefe
Ariadne Nunes Wenger	Supervisora editorial
Ariel Martins	Analista editorial
Eliane Felisbino	Preparação de originais
Mayra Yoshizawa	Capa
Roberto Querido	Projeto gráfico e diagramação
Danielle Scholtz	Iconografia

Informamos que é de inteira responsabilidade da autora a emissão de conceitos.

Nenhuma parte desta publicação poderá ser reproduzida por qualquer meio ou forma sem a prévia autorização da Editora InterSaberes.

A violação dos direitos autorais é crime estabelecido na Lei nº 9.610/98 e punido pelo art. 184 do Código Penal.

Dados Internacionais de Catalogação na Publicação (CIP)
(Câmara Brasileira do Livro, SP, Brasil)

Vianna, Maria Letícia Rauen
   Desenhando com todos os lados do cérebro: possibilidades para transformação das imagens escolares / Maria Letícia Rauen Vianna. – Curitiba: InterSaberes, 2012.

   Bibliografia.
   ISBN 978-85-65704-66-3

   1. Arte – Estudo e ensino 2. Arte na educação 3. Cultura 4. Desenvolvimento cognitivo – Psicologia infantil 5. Desenvolvimento cognitivo – Psicologia 6. Estudos culturais 7. Imaginação (Psicologia) 8. Percepção visual 9. Sala de aula – Direção I. Título.

12-06400   CDD-371.1024

Índices para catálogo sistemático:
1. Artes visuais: Educação 371.1024

1ª edição, 2012.
Foi feito o depósito legal.

Sumário

Apresentação, 11
Prefácio, 17
Introdução, 21

Os contextos do recebido, 27

1.1 Imagiários e abecedários, 30

    1.1.1 Imagiários, 31

    1.1.2 Abecedários, 35

1.2 Imagiários e abecedários no Brasil: dificuldades na representação e reprodução das imagens, 36

    1.2.1 O "melhoramento" da imagem, 38

1.3 O fenômeno do animismo, 39

    1.3.1 O antropomorfismo e o zoomorfismo na história, 40

    1.3.2 O antropomorfismo na literatura infantil, 42

    1.3.3 O antropomorfismo em produtos para crianças, 43

    1.3.4 O antropomorfismo nas imagens escolares brasileiras, 44

As teorias sobre o recebido, 51

2.1 *Poncifs*, 55

    2.1.1 *Poncifs* na escola brasileira, 58

2.2 Estereótipos e clichês, 61

    2.2.1 Estereótipos e clichês na imageria escolar brasileira, 67

2.3 Lugares-comuns, 68

2.4 Ideias recebidas, 70

    2.4.1 Flaubert e as *idées reçues*, 73

    2.4.2 *Idées reçues* na atualidade, 77

    2.4.3 Desenhos recebidos brasileiros, 81

As transformações do recebido, 85

3.1 Desenhos indutivos, 90

    3.1.1 Desenhos indutivos a partir de formas iniciais dadas 1, 90

    3.1.2 Desenhos indutivos a partir de formas iniciais dadas 2, 101

3.2 Desenhos sequenciais, 110

    3.2.1 Desenhos sequenciais 1: flores, 111

    3.2.2 Desenhos sequenciais 2: elefantes, 127

    3.2.3 Desenhos sequenciais 3: figuras humanas, 142

3.3 Desenhos pessoais, 169

Conclusão, 191
Referências, 199

Ao meu filho Pablo, que durante seis anos abriu mão de muitas das atenções de que necessitava, tinha direito e merecia, em favor desta pesquisa, que se iniciou quando ele tinha dois anos. Não esquecerei de seu desabafo: **"eu nunca mais vou deixar você fazer um outro estudo como este"**, *nem do aviso que colocou na porta do meu local de estudos, aliás, ilustrado com um autêntico "desenho recebido".*

(2000)

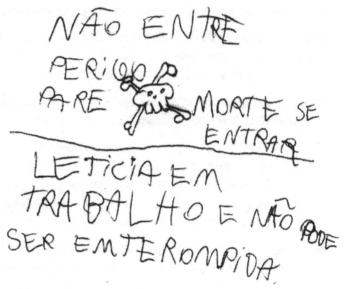

Ao meu filho Pablo, que, passados 10 anos, continuou tendo que abrir mão das atenções que hoje, com dezoito anos, ainda quer, necessita e merece, enquanto eu transformava aquela tese neste livro, e que não teve como cumprir o que jurou naquela época.

(2010)

Por que transformação?

Devo ter nascido sob o "signo da transformação". Desde pequena e, ainda hoje, quero tudo transformar. Antes, bordava as roupinhas que as bonecas traziam de fábrica, modificando seus modelos. Depois passei a modificar minhas próprias roupas: saias viravam blusas; cortinas, vestidos. Bordava um vestido de tecido liso quando me parecia sem graça; fazia "biquinhos" de crochê quando achava que não tinha suficiente colorido. Transformava móveis, mudava a cor da madeira: se eram penteadeiras passavam a ser estantes, se eram gaveteiros, arcas; se eram de marfim passavam a "ser de imbuia". Tapetes viravam cortinas e vice-versa. Fazia tudo com minhas próprias ideias e mãos e encontrava nisso indescritível prazer. Hoje, além de roupas, modifico aquilo que compro: de lustres a fechaduras... Qualquer coisa para mim foi e é, sempre, objeto de transformação. Porque não aceito as coisas como são. Padeço de uma insatisfação permanente frente ao que já vem pronto, ao que é dado, ao que é adquirido, ao que é recebido: "faço com meu braço o meu viver". Assim, como professora de arte, deparei-me com os desenhos recebidos. Nunca me conformei com eles. Achei que também precisavam ser transformados e descobri um jeito de fazer isso.

A autora

Apresentação

Quantos lados tem o nosso cérebro?

Somente o lado **direito** e o **esquerdo**? Ou também o de **cima** e o de **baixo**? O da **frente** e o de **trás**, o de **dentro** e o de **fora**? O lado **sensível** e o lado **racional**?

Ao ministrar cursos e *workshops* para professores e artistas, quando as pessoas experimentavam o "meu método de desenho", sempre me perguntavam: *isto que estamos praticando é o método de desenhar com o lado direito do cérebro?* Fazendo essa pergunta (que ouvi incontáveis vezes), as pessoas certamente estavam se referindo ao conhecido método de desenho de observação, denominado *Desenhando com o lado direito do cérebro*, da arte-educadora americana Betty Edwards, publicado em livro em 1979 e traduzido para várias línguas, inclusive o português.

Minha resposta obviamente era sempre negar: *Não, meu método não era aquele!* Uma vez, me ocorreu dizer, em tom de brincadeira, que o meu método não trabalhava somente com o lado direito do cérebro, mas com **todos os lados** do cérebro.

Pois essa brincadeira virou coisa séria: cheguei a ministrar alguns cursos que assim denominei. Um deles foi sobre desenhos de araucárias, muito comuns no Paraná, por ser, a araucária, a árvore-símbolo deste estado. Chamei-o então de *Desenhando araucárias com todos os lados do cérebro*, um curso que ministrava a artistas acadêmicos de cidades do interior, num projeto da Secretaria de Cultura do Estado do Paraná.

Agora, entre as opções que apresentei à Editora InterSaberes para dar título a este livro, figurava *Desenhando com todos os lados do cérebro*, o escolhido. Esta é, assim, uma paródia que faço ao trabalho de Betty Edwards, sem o desmerecer, é claro.

Entretanto, ao estabelecermos uma comparação entre aquele método e o exposto aqui, verificaremos que eles apresentam, entre si, visíveis e profundas diferenças: o de Edwards (1979) é, basicamente, um método de desenho de observação, enquanto este, que também trabalha com a observação, não pretende nem busca a representação fotográfica das coisas; ao contrário, os exercícios propostos por ele unem observação e imaginação, privilegiando ora uma, ora outra e, às vezes, trabalhando com as duas ao mesmo tempo. Meu método tampouco pretende ensinar a desenhar, mas, sim, levar as pessoas a descobrirem o seu próprio traço e a explorarem aspectos de sua criatividade.

Portanto, é para quaisquer públicos interessados que apresento este livro, ou seja, para todos que "não sabem" ou **pensam** que não sabem" desenhar, e para aqueles que querem se exercitar através do uso de *todos os lados* de seus cérebros e das suas sensibilidades.

Sobre o que, então, trata este livro?

O ambiente escolar brasileiro, especialmente nas fases pré-escolar e séries iniciais do ensino fundamental, é povoado de imagens padronizadas. Tais imagens, pelo aspecto particular que apresentam, pelas suas características de **rigidez**, **imutabilidade** e **reprodutibilidade**, entre outras, durante muito tempo foram, e ainda são, denominadas de *desenhos estereotipados.*

Essa denominação, que chega a fazer parte do vocabulário dos professores de arte, não está errada; no entanto, parece que não estava clara a razão pela qual ela vinha sendo utilizada para definir tais desenhos. Para mim também, devo destacar, denominar essas imagens de uma forma mais adequada foi, durante muito tempo, uma questão crucial.

As tentativas que fiz em torno dessa questão remontam a 1987: naquele ano, foi a primeira vez que escrevi algo a respeito, e utilizei a denominação *desenhos oferecidos às crianças por seus professores.* Depois, já no doutorado, em 1999, minha professora-orientadora sugeriu a expressão *desenhos copiados.* Também tomei conhecimento que, em 1997, uma professora, em sua tese de mestrado, na Universidade de Brasília (UnB), denominou tais imagens de *desenhos reproduzidos.* Porém, nenhuma dessas denominações me satisfez.

Baseada nos estudos que realizei e nas minhas próprias observações da realidade escolar, após diversas tentativas de encontrar uma denominação mais apropriada para os referidos desenhos, decidi chamá-los de *desenhos recebidos*, em associação ao fenômeno das **ideias recebidas,** de longa tradição na civilização francesa, definitivamente colocado pelo escritor Gustave Flaubert em seu *Dictionnaire des idées reçues,* publicado pela primeira vez em 1911[1].

Assim, a crença de que os desenhos estereotipados e/ou recebidos empobrecem a percepção e a imaginação da criança (e, por consequência, do adulto), inibem sua necessidade expressiva, embotam seus processos mentais e não permitem que desenvolvam naturalmente suas potencialidades foi o que impulsionou a realização deste trabalho.

Partindo do princípio de que tais desenhos são bloqueadores da imaginação e da expressão individual, mediante ações específicas sobre eles, pretendo, com este livro, demonstrar que é possível atenuar esses efeitos nocivos, tanto na expressão gráfica do adulto *já-professor* ou *futuro-professor,* bem como, e principalmente, no desenvolvimento das crianças com as quais se adota esta prática.

A partir das *idées reçues,* do francês Gustave Flaubert, estabeleci correlações entre aquela noção francesa e as imagens escolares brasileiras. *Recebidos* é a designação que proponho para nomear os desenhos encontrados no ambiente escolar no Brasil, e *imageria* é o nome que atribuo ao conjunto daquelas imagens.

Inspirando-me no *Dictionnaire des idées reçues,* teci uma série de reflexões sobre tais imagens, baseada em observações pessoais da realidade escolar e no desenvolvimento de um processo de desenho que denomino de *Método de transformação dos desenhos recebidos,* que foi testado em um grupo de pesquisa constituído de professores do ensino fundamental.

Para tanto, no primeiro capítulo deste livro, discorro sobre *Os contextos do recebido:* como, onde e por que a questão se manifesta, tecendo considerações históricas e observacionais sobre os diferentes contextos em que se verificam as imagens estereotipadas ou recebidas, tanto no Brasil como no Exterior.

Além do mais, a necessidade de me aproximar das razões que fazem as imagens escolares terem a aparência que têm, no Brasil, impôs o exame de aspectos da história da ilustração de livros infantis e das tendências que, na sua evolução, possam ter

---

1 A conclusão deste livro apresenta uma descrição completa do caminho percorrido até chegar a essa denominação.

Desenhando com todos os lados do cérebro

influenciado nessa questão. Para isso, foram esclarecedores, entre outros, os trabalhos de Paul Monroe (1958), de Claude-Anne Parmegiani (1989), bem como os de Bruno Duborgel (1976; 1992).

No segundo capítulo, apresento informações históricas sobre fatos e conceitos que deram origem aos termos que qualificam – ou poderiam qualificar – indiferentemente as *imagens recebidas* brasileiras e, a partir de suas origens, estabeleço paralelos entre eles e a nossa realidade escolar, demonstrando como aqueles termos se vinculam às questões da *imageria* escolar brasileira. Assim, examinando conceitos tidos como **sinônimos** na linguagem corrente: "estereótipos", "clichês", "*poncifs*", "lugares-comuns" e especialmente "ideias recebidas", traço paralelos entre esses fenômenos ocorridos na França e no Brasil. Para dominar seus conceitos e acompanhá-los desde sua origem até o sentido semântico que adquiriram ao longo dos séculos e que têm hoje, foram especialmente importantes os estudos de Ruth Amossy e Elisheva Rosen (1982), Emanuel Araújo (1986), Liu Guojun e Zheng Rusi (1989), Ruth Amossy e Anne-Herschberg Pierrot (1991), Penny Starfield (1993), Alain Goulet (1994), Jean-Louis Dufays (1994), Ruth Amossy e Anne-Herschberg Pierrot (1997), entre outros.

Para estabelecer os paralelos que intuí existirem entre as *ideias recebidas* francesas e os *desenhos recebidos* brasileiros, precisei me aprofundar na obra do escritor Flaubert, especialmente em seu *Dictionnaire des idées reçues,* ao qual tive acesso por meio das reedições francesas de 1994 e 1995 e da tradução brasileira de 1995. Nessas obras, os prefácios de diferentes autores, editores e tradutores foram também consultados. Além disso, pesquisei a obra *Lugares-comuns* do escritor brasileiro Fernando Sabino, que traduziu e adaptou o dicionário de Flaubert, tendo, inclusive, anexado a ele um bem-humorado *Esboço para um dicionário brasileiro de lugares-comuns* e *ideias convencionais* (1952).

A compreensão da noção das *ideias recebidas* levou-me a buscar sua evolução histórica desde o século XVII. Para tanto, reportei-me às pesquisas de Anne Herschberg Pierrot (1994), especialista nas ideias recebidas, e em Gustave Flaubert, sendo este o grande responsável pela notoriedade das *ideias recebidas*. Para o conhecimento das *ideias recebidas* no século XX, baseei-me especialmente nos trabalhos de Jean-Michel Delaroche (1988) e Jean-François Bouvet (1997), informações que apresento em *As teorias sobre o recebido*.

Já no terceiro capítulo, exponho *As transformações do recebido* através dos resultados de pesquisas realizadas junto a professores e futuros professores sobre os desenhos recebidos.

Para compreender o "descompasso" verificado entre as imagens que são oferecidas às crianças e as que elas espontaneamente produzem, e também para analisar as produções gráficas dos professores que participaram da pesquisa, tive que me aprofundar na questão do "desenho infantil" e do "desenho pedagógico", segundo diversos autores: Henri Wallon e Liliane Lurçat (1968); Daniel Widlöcker (1971); Bruno Duborgel (1976, 1992); Ana Mae Barbosa (1982); Lev S. Vygotsky (1982); Phillipe Wallon, Anne Cambier e Dominique Engelhardt (1990); Bernard Darras (1996), entre outros.

Discorrendo sobre o enfrentamento da questão junto a professores, abordo o modo como foi realizado o resgate de seu desenho, uma vez que são eles que atuam, ou pretendem atuar, com crianças e adolescentes no ensino fundamental, promovendo o que considero "mudanças nas suas posturas pedagógicas".

Ao mesmo tempo, ao proceder à análise e interpretação dos dados visuais e verbais obtidos de forma sistematizada, minha pretensão era verificar concretamente se as respostas às ações propostas para os desenhos estariam sendo também conscientizadoras, formadoras e transformadoras da postura pessoal e pedagógica dos participantes, o que pude constatar com os desenhos e os depoimentos colhidos por escrito e apresentados no terceiro capítulo.

É preciso, então, advertir ao leitor que este livro, assim constituído, está organizado de modo que minhas palavras se misturam a citações, imagens e depoimentos dos participantes do processo, sendo tais elementos por mim, indistinta e invariavelmente, considerados como "extensões" de meu próprio texto. "Que façam o mesmo" é o que espero de meus potenciais leitores.

Prefácio

O ensino do desenho é uma invenção do Renascimento. A primeira escola de desenho foi criada por Vasari, em Florença, no século XVI. Antes, a aprendizagem da arte se fazia em corporações, como a prática de todos os fazeres manuais, numa época em que estes eram considerados inferiores à literatura e à filosofia. Nenhum trabalhador manual podia ser condecorado cavaleiro. Com a ajuda de Leonardo da Vinci, que considerava a arte como "coisa mental", a Academia de Vasari intelectualizou as Artes Visuais.

Com o correr do tempo, os artistas da Academia conquistaram o direito de serem sagrados cavaleiros. Velásquez, um mês antes de morrer, conseguiu a almejada condecoração real – a cruz da Ordem de São Tiago. Para isso, teve que comprovar com cartas de recomendação que, apesar de trabalhar com as mãos, era também um intelectual. Essa condecoração era tão importante que o Rei Felipe IV, depois da morte do artista, mandou acrescentá-la ao autorretrato do autor, que figura no quadro *Las Meninas*, pintado quatro anos antes.

Entretanto, como lembra Bernard Darras, citado por Maria Letícia neste livro, as corporações não deixaram de existir. Entre os séculos XVI e XIX, só oito por cento dos produtores de imagens frequentaram as academias, que se multiplicaram pela Europa depois daquela criada por Vasari.

Instalou-se a divisão entre teoria e prática: enquanto nas Corporações se ensinava a prática, nas Academias se procurava associar teoria e prática. Estava assim estabelecida a perversa divisão entre "os que fazem pensando sobre o que fazem" e "aqueles que simplesmente fazem". Os primeiros viraram artistas e os outros meros artesãos.

A modernidade questionou essa divisão aristocrática – herdada dos gregos – e pervasivamente infiltrada na cultura europeia e na de seus colonizados. Tivemos pensadores como William Morris e ateliers como o Omega Workshop, onde artistas como Vanessa Bell e Duncan Grant, liderados por Roger Fry, tentaram romper a divisão entre criadores e fazedores repetidores. A Bauhaus foi outra experiência nesse sentido. No Brasil, prevaleceu o desprezo pelo artesão e a glorificação do artista.

Isto levou o modernismo na educação para as artes, a considerar fundamentalmente a criação original e a desprezar tudo o que fosse imagem de "segunda geração", como as "imagens recebidas" que Maria Letícia estuda. Ela começou a investigar a imposição da cultura visual sobre a criação de suas alunas-professoras ainda sob o domínio do alto modernismo, que considerava cópia, falta de criatividade e/ou estereótipo qualquer citação de uma imagem já existente, ainda que modificada.

Lembro-me que Cláudio Tozzi, em sua fase *pop*, apresentou numa exposição uma interpretação do rótulo do queijo *A vaca que ri* e um crítico de arte escreveu um texto acusando-o de plagiário. Era o começo do pós-modernismo entre nós, que teve muita dificuldade em se afirmar no Brasil, pois a adesão da cultura brasileira ao modernismo é quase um dogma. Por quê? Talvez pensem que fomos muito bem-sucedidos no modernismo, já que é quase só o que se estuda nas universidades, mas quem foi bem sucedido no modernismo foi Oscar Niemayer. Na pintura, os modernistas mexicanos valem mais que os mais valiosos quadros brasileiros.

Não era, portanto, de espantar que, qualquer repetição do mesmo padrão no desenho de uma criança alarmasse as professoras amedrontadas com os estereótipos que inibiam a livre expressão. Com o passar do tempo, estudos de desenho das crianças mostraram que, às vezes, o que chamávamos *estereotipia* era apenas a afirmação "por repetição" do mínimo denominador comum de um processo de interpretar graficamente o mundo, o espaço, a cultura, as coisas que nos rodeiam. A este mínimo comum, Lowenfeld deu o nome de *esquema* e Darras chamou de *iconotipo*. Outros textos mudaram radicalmente a interpretação modernista do desenho da criança. A pesquisa pós-moderna é um *turning point* nessas concepções. Os trabalhos de Brent e Marjorie Wilson foram o começo de uma nova visão, especialmente dois artigos já traduzidos e publicados no Brasil: *Uma visão iconoclasta dos desenhos das crianças* e *500 anos de arte/educação*[1]. O desenho da criança passou a ser visto também como interpretação cultural e não apenas interpretação gráfica de objetos.

---

1 WILSON, Brent; WILSON, Marjorie. Uma visão iconoclasta dos desenhos das crianças. In: BARBOSA, Ana Mae (Org.). **Arte-educação**: leituras no subsolo. São Paulo: Cortez, 2008.

WILSON, Brent. 500 anos de arte/educação. In: BARBOSA, Ana Mae (Org.). **Arte/educação contemporânea**. São Paulo: Cortez, 2008.

Esses autores americanos escreveram também: *Teaching children to draw* e *Teaching drawing from art*, ambos da década de 1980, e, ainda: *The superheroes of JC Holz*, e *Child art, multiple interpretations and conflicts of interest* (todos até o momento, sem tradução para o português).

As ideias e imagens recebidas passaram a ter significação cultural, embora muitas delas "fora do lugar" como alertou o crítico Roberto Schwarz. A Abordagem Triangular (fazer – ou desenhar –, ler imagem e contextualizar) deu origem ao "fantasma" da releitura, interpretada equivocadamente como cópia. Por outro lado, a Cultura Visual provocou o errôneo retorno de desenhos Disney para colorir nas escolas.

Essas idas e vindas teóricas tornam o livro *Desenhando com todos os lados do cérebro,* de Maria Letícia, muito valioso, pois a ideia de reinterpretação de imagens já existentes leva a um outro conceito de criatividade: não mais a ideia de originalidade, mas a ideia de elaboração, reelaboração, desconstrução, reconstrução, com uso de flexibilidade e imaginação, baseada em imagens de outros.

O princípio da transformação sobre o qual Maria Letícia baseia sua abordagem metodológica é extremamente eficiente, levando-nos a perguntar de onde vêm nossos modelos e refletir sobre tais modelos culturalmente (ou escolarmente) recebidos, operando mudanças de maneira a transformá-los em construção pessoal.

O título do livro, *Desenhando com todos os lados do cérebro,* é um achado excelente; não apenas por ser uma resposta a Betty Edwards, mas, principalmente, porque corresponde ao conceito contemporâneo de arte/educação como cognição. O título defende, implicitamente, a ideia de que todo o aparato cerebral se mobiliza através de uma aprendizagem da arte que considere o fazer e a análise das imagens contextualizadas. A dicotomia arte para desenvolver as emoções e matemática para desenvolver a inteligência não mais se justifica. Arte desenvolve emoções e inteligência, até mesmo a restrita inteligência medida pelos testes de Quociente de Inteligência (QI).

Agora que as preocupações com criatividade e inovação voltaram à agenda educacional, este livro será um instrumento para os professores se confrontarem com um conceito de criatividade pós-moderno, que aponta mais para a transformação do que para uma idealizada originalidade.

Acompanho a vida intelectual de Maria Letícia desde 1980 e me orgulho de ser sua amiga. A mesma fidelidade às ideias que a define, orienta sua fidelidade à amizade. Quando vou a Curitiba para qualquer trabalho, ela me encontra; vamos a exposições e depois a algum restaurante trocar as notícias que atualizam nossa vida e a de nossos filhos.

Para minha amiga querida e ex-aluna exemplar, muito sucesso. Seu livro merece!

Ana Mae Barbosa

Introdução

Entre 1985 e 1992, lecionei em uma escola pública integrante da Rede Estadual de Ensino do Rio de Janeiro. Embora situada na Zona Sul da capital, região considerada uma das "mais nobres da cidade", seu alunado provinha de diferentes regiões do município e de níveis socioeconômicos bastante heterogêneos.

A escola se dedicava exclusivamente à formação de professores em nível médio e, além dos cursos convencionais de Magistério de três anos, oferecia outras modalidades especiais de cursos noturnos, com menor duração: 1) Curso de Estudos Adicionais: destinado a professores já portadores do diploma do Curso de Magistério em nível Médio, que voltavam à escola para, em um ano, especializar-se em educação infantil; 2) Curso para alunos-já-pedagogos: destinado àqueles que, mesmo já tendo concluído o curso superior de Pedagogia, não possuíam diploma de Magistério em nível médio e precisavam dele para lecionar para crianças, conforme determinava a legislação na época; 3) Curso para alunos que já tinham o ensino médio completo, destinado àqueles que, mesmo depois de terem terminado o curso de formação geral, desejavam se tornar professores, o que conseguiam realizar em dois anos.

O corpo discente da escola era quase essencialmente feminino, havendo, raras vezes, um ou outro representante do sexo masculino. Portanto, como a maioria esmagadora era feminina, vou me referir ao grupo como de *alunas-já-professoras* ou *alunas-futuras-professoras*[1], sempre no feminino. Boa parte dessas alunas já trabalhava como professoras em escolas infantis ou de 1ª a 4ª séries, ainda que, nem sempre, como regente de turma; pela falta do diploma de professor, algumas eram auxiliares de ensino, assumindo apenas eventualmente as classes, no caso de impedimento da regente.

---

1 Estas denominações se referem às alunas que: estavam em processo de formação e ainda não lecionavam – *alunas-futuras-professoras*; já exerciam a profissão de professoras e buscavam um complemento à formação – *alunas-já-professoras* ou *alunas-já-pedagogas*, no caso daquelas que, apesar da formação e atuação em pedagogia, buscavam formação de professor para poder lecionar. Aparecerá também a expressão: *professores-que-formam-professores*, ou seja, professores que lecionam em cursos de formação tanto em nível médio como superior.

Como eu lecionava nesses cursos especiais, em geral no período noturno, minhas turmas eram constituídas de alunas adultas, nunca com idade inferior a 18 anos.

Nas salas de aula em que eu lecionava, inicialmente a disciplina de Educação Artística e depois a disciplina de Material Didático, sempre via, pregados nos murais, os trabalhos que minhas alunas realizavam com outros professores, em outras disciplinas, especialmente Didática, Material Didático e Prática de Ensino. Tais trabalhos, e também as "decorações" dos murais, apresentavam um aspecto visual do qual eu discordava, mas nada podia fazer, a não ser criticar.

No artigo que escrevi em 1995, referindo-me a essa época, dizia:

> quando fui dar aulas em cursos de formação de professores é que realmente declarei "guerra aos estereótipos". No entanto era ainda uma guerra verbal; discursava aulas inteiras sobre os males, os prejuízos e consequências do uso indiscriminado dos estereótipos nas escolas. Embora meu discurso contasse com razoável poder de convencimento, poucas vezes, na sua prática de sala de aula, os alunos-professores conseguiam resistir à ditadura ou à sedução dos estereótipos e eu constatava que nada mudava. Comparava os estereótipos a uma erva daninha do tipo: "quanto mais se arranca, mais ela volta a crescer". Percebi, então, que medidas mais enérgicas precisavam ser adotadas; percebi ser necessário mudar toda uma mentalidade e me dei conta da extensão e da complexidade da questão. (Vianna, 1995, p. 56)

Foi esse ambiente que tornou propícia a concepção e o desenvolvimento do *Método de desestereotipização do desenho*, depois rebatizado de *Método de transformação dos desenhos recebidos* que será apresentado no decorrer deste livro.

É preciso dizer que, em todos aqueles anos em que eu desenvolvia a experiência, embora estivesse muito interessada na questão dos desenhos estereotipados e entusiasmada com os resultados que alcançava, não me preocupava em realizar pesquisa. Assim, apaixonada que era pelo magistério e pelo poder transformador da arte, realizei os primeiros experimentos intuitivamente, sem maiores preocupações científicas.

Somente ao verificar a repercussão obtida pelo trabalho, quando apresentado em congressos ou em palestras e cursos que eu era convidada a ministrar, é que comecei a tomar consciência de sua relevância, chegando à conclusão de que seria importante aprofundar o estudo da questão.

Dessa forma, aquelas pesquisas exploratórias, promovidas simultaneamente com diferentes turmas e por diversos anos seguidos na escola pública, possibilitaram-me um amplo conhecimento do tema dos "desenhos recebidos", principalmente através das trocas com as alunas que trabalhavam em diferentes escolas, que me revelavam interessantes particularidades do ambiente escolar e sua relação com as imagens recebidas[2].

De fato, constatei que o tema era pouco explorado; ainda hoje se verifica que raros são os escritos sobre o assunto. Um texto que publiquei em 1995 tem motivado interesses individuais de outras pessoas em desenvolver esse tema por meio de monografias de cursos de graduação ou de especialização e, muitas vezes, tenho sido procurada, por ser uma das poucas pessoas que se dedicam ao assunto.

Portanto, foi o contato aprofundado com toda essa realidade educacional, tanto escolar quanto colegial, que me impulsionou em direção a um estudo mais sistematizado acerca daquilo que havia observado na minha experiência empírica de sala de aula. Surgiu, assim, o desejo de transformar em conhecimento científico todo aquele conhecimento adquirido de maneira informal, e o caminho para atingi-lo foi cursar o doutorado.

Para realizar, então, uma pesquisa sistematizada, foi escolhido um grupo constituído de professoras da rede municipal de ensino do Rio de Janeiro, com formação geral, em nível médio, isto é, habilitadas a lecionar na educação infantil e em todas as disciplinas da 1ª à 4ª série do ensino fundamental.

Por não terem formação superior, essas *alunas-já-professoras* buscavam-na no curso superior de pedagogia, no qual eu lecionava. Essa busca era uma resposta à

---

2 Conforme afirma Gil (1991, p. 46): "pesquisas exploratórias são desenvolvidas com o objetivo de proporcionar visão geral, de tipo aproximativo, acerca de determinado fato. Este tipo de pesquisa é realizado especialmente quando o tema escolhido é pouco explorado e torna-se difícil sobre ele formular hipóteses precisas e operacionalizáveis." E o autor completa: "O produto final deste processo passa a ser um problema mais esclarecido, passível de investigação mediante procedimentos mais sistematizados."

meta estabelecida pelo Ministério de Educação[3], que pretendia, até o ano 2007, ter todos os professores do país, de qualquer nível, formados em curso superior, o que, infelizmente, ainda não se concretizou.

Especificamente, a formação das professoras, dependendo da época em que frequentaram a escola (algumas eram formadas mais recentemente, outras tinham anos de experiência no magistério), pode ter incluído ou não aulas de arte ou de educação artística. A única experiência artística que, posso afirmar, comprovadamente todas possuíam ao iniciar a pesquisa no ensino superior era a decorrente do fato de terem sido minhas alunas na disciplina Educação Artística no semestre anterior (1º semestre de 1994), no curso de Pedagogia. Nessa disciplina, é preciso destacar, não trabalhamos a questão do desenho.

Ressalto, ainda, que as integrantes do grupo de pesquisa, tanto as mais experientes, quanto as recém-formadas, independente do gosto ou não por atividades artísticas, de possuírem ou não experiências artísticas anteriores, do seu nível de interesse ou de habilidades individuais, latentes ou manifestas, apresentavam um perfil diversificado e bastante desigual, tanto as do ensino médio quanto as do superior.

Os depoimentos e desenhos que ilustram este livro foram, assim, por elas produzidos e/ou concedidos e entregues à autora em situações de sala de aula e/ou de pesquisa e são aqui apresentados sem particularizações ou especificações que os identifiquem como sendo de um ou de outro curso ou grupo, de uma ou outra aluna, de uma ou outra época.

Sendo assim, este trabalho, desenvolvido inicialmente no ensino médio e, aprofundado mais tarde, durante o doutorado, com desdobramento da pesquisa no ensino superior, deve atingir e interessar a **todos** os professores, mas, especialmente aos docentes de **pré-escola** e de **1ª a 4ª séries** – maior contingente de professores deste país. Outro grupo ao qual o assunto deve interessar particularmente são **todos os professores que trabalham com formação de professores** no curso de **Formação de Docentes**

---

3 Conforme o art. 87, da Lei de Diretrizes e Bases da Educação Nacional (Lei nº 9.394/1996): "É instituída a Década da Educação, a iniciar-se um ano a partir da publicação desta Lei [...] Até o fim da Década da Educação somente serão admitidos professores habilitados em nível superior ou formados por treinamento em serviço". Disponível no *site*: <http://portal.mec.gov.br/arquivos/pdf/ldb.pdf>.

em Nível Médio[4] **e/ou Superior**, cujos alunos estudam para se tornar professores de educação infantil ou das séries iniciais do ensino fundamental (de 1ª a 4ª séries).

Além do mais, como a visualidade escolar atinge a todos aqueles que trabalham nas escolas, creio que este trabalho interessa também a profissionais que ministram outras disciplinas e/ou ocupam outros cargos nas escolas, como **diretores, coordenadores, supervisores, pedagogos, psicólogos escolares** etc. O assunto deve interessar também aos **alunos** e **professores dos cursos** de **Pedagogia**, que formam, além de professores, futuros gestores, coordenadores e supervisores das escolas de educação infantil e ensino fundamental e também preparam **professores-que-formam-professores** nos cursos de formação de docentes da educação infantil e séries iniciais do ensino fundamental em nível médio, na modalidade normal.

---

4 Nos últimos anos, a formação inicial de professores em nível médio, passou por muitas alterações. Na época da realização da experiência aqui apresentada, esse curso se chamava *Magistério*, era de 2º grau e acolhia alunos advindos de diferentes demandas. Antes disso, chamava-se *Curso Normal* ou *Escola Normal*.

Os contextos do recebido[1]

---

1 Partes desta seção foram publicadas em Vianna (2000).

A segurança da sociedade humana repousa na suposição de que, em qualquer situação, os indivíduos que a compõem reagirão de maneira já consagrada. Caso contrário, não corresponderão à expectativa dos que os cercam, e os forçarão a enfrentar uma nova situação, criada pelo exercício do pensamento independente. Tal exercício, para muitos, é totalmente impossível, e, para a grande maioria, extremamente penoso.

Mencken

Na cultura ocidental, desde o século XVII, os pedagogos aprovam a necessidade da imagem para mostrar visivelmente a coisa nomeada. Um dos pioneiros nessa maneira de tratar a questão foi o célebre educador de origem tcheca, Johann Amos Comênio (1592-1671).

Ele afirmava que, para aprender, as crianças necessitam ver as imagens das coisas que têm nome. Comênio foi, assim, o criador do primeiro livro didático ilustrado para crianças, o *Orbis Sensualium Pictus* (O mundo das coisas sensíveis ilustrado), publicado em 1657.

No *Orbis Sensualium Pictus*, cada capítulo está encabeçado por uma figura, um tanto complicada, na qual os diversos objetos são numerados com referência às linhas especificadas no texto. Esse livro, traduzido depois para várias línguas, era um manual concebido como uma espécie de atlas científico, a fim de que, junto com as palavras, chegassem às crianças, se não as coisas, pelo menos as imagens das coisas.

Notem que, na Figura 1.1, temos uma página com uma ilustração (em preto e branco também no original, porque na época não existia ainda a impressão colorida), na qual podemos ver, na parte superior, uma imagem bastante complexa e, mesmo, pouco nítida, em que a maioria dos objetos representados está numerada. A numeração corresponde a uma lista de objetos nomeados com palavras (nesse exemplo, em inglês na coluna da esquerda e em latim na da direita), apresentada logo abaixo da imagem, como sua legenda. É interessante verificar que, em muitas

Figura 1.1 – Página do *Orbis Sensualium Pictus*

Fonte: Monroe, 1958, p. 245.

das imagens não se consegue associar o número e a palavra que lhe corresponde. Entretanto, o curioso é que esta e as demais imagens do livro de Comênio, ainda que um tanto confusas para nossos atuais padrões de visualidade, marcam o início do uso da imagem na educação escolar.

Mais tarde, o filósofo inglês John Locke (1632-1704) reforça o pensamento de Comênio ao escrever, em 1693: "É em vão e sem interesse que as crianças ouçam falar dos objetos visíveis, se deles não têm nenhuma ideia; e esta ideia, não são as palavras que lhes podem dar, são as coisas mesmas ou as imagens das coisas" (Locke, citado por Parmegiani, 1989, p. 21, tradução nossa).

1.1
Imagiários e abecedários

Muito depois, já no século XX, surgem na França livros de imagens denominados de *imagiários* e *abecedários*. Neles, as imagens ou falam por si (sem uso de palavras) – *imagiários* – ou são acompanhadas da palavra designando o que a imagem representa – *abecedários*.

Os imagiários estabeleciam o primeiro contato da criança com o mundo das imagens visuais. O uso dessa *imageria*[2] podia abranger todo o período da infância, a partir de um ano e meio, permeando todo o processo de aprendizagem da leitura.

As imagens, apresentadas nos imagiários franceses, eram realizadas por artistas profissionais e representavam os objetos de maneira realista, sem pormenores supérfluos e sem estilização excessiva. Eram desenhos realizados a tinta guache, oferecidos ao olhar, simultaneamente, com seleção e síntese, assemelhando-se à ilustração científica (Duborgel, 1992).

O editor dos imagiários e abecedários, Paul Foucher, (1898-1967) escreve: "A imagem deve ser sensível, legível, perceptível imediatamente pela criança. Deve respeitar a verdade das formas e das cores, privilegiar detalhes indispensáveis ao reconhecimento,

---

2 Adiante, saiba mais sobre esse termo em *Esclarecendo conceitos*.

à identificação do objeto ou do animal" (Foucher, citado por Duborgel, 1992, p. 29, tradução nossa).

O pesquisador francês Duborgel (1992, p. 22, tradução nossa) diz que, com os **imagiários**, a criança recebe seu "batismo de imagens". Já os **abecedários** promovem o casamento entre a imagem, a palavra e o conceito da coisa representada, e são, segundo o pesquisador, o "berço das letras" (p. 30).

No estudo que realizou sobre esses livros de imagens, Duborgel percebeu que neles a imagem deveria ser neutra, sem apelos e sem nenhum traço que denotasse imaginação. Ela só seria interessante para a criança na medida em que tivesse algo de familiar. Por isso, ela seria segura; serviria para identificar, reconhecer, descrever, observar, definir, classificar, informar, conhecer, analisar e ilustrar conceitos, ensinar e ajudar a ler. O pesquisador, então, concluiu que elas promoviam uma verdadeira "viagem ao conhecimento" (Duborgel, 1992, p. 27, tradução nossa).

1.1.1 Imagiários

Os imagiários eram livros pequenos, retangulares e verticais, com dois quadrados por página. As imagens eram apresentadas individualmente, sempre no interior dos quadrados; em cada página estavam justapostas, duas a duas, e estando quase sempre na diagonal, favoreciam a coerência e a semelhança do representado com a realidade.

Figura 1.2 – Exemplo de capa de um imagiário francês

Nota: Imagem extraída de imagiários de Editions Flammarion.

Figura 1.3 – Exemplos de ilustrações de um imaginário

Nota: Imagem extraída de imaginários de Editions Flammarion.

Em geral, cada imaginário apresentava uma "família" de imagens (animais, flores, alimentos etc.). Tais imagens eram sempre descontextualizadas, apresentando uma só coisa de cada vez (animal, objeto, planta etc.).

Elas faziam uma análise do objeto e, ao mesmo tempo, uma síntese: não reproduziam fotograficamente a realidade, pois eram desenhos pintados a guache. Entretanto, não apresentavam um realismo banal da imagem e, em muitos casos, a realidade era até mesmo superada pela imagem.

A representação era feita com jogos de sombras e/ou tonalidades de cor, visando obter a representação mais clara possível do objeto. Essas eram, portanto, imagens informativas e definicionais, que se assemelhavam à ilustração científica. Elas promoviam um primeiro conhecimento enciclopédico e apelavam à observação, à identificação, ao reconhecimento, à descrição, à definição, à rotulação do mundo que duplicavam. Ofereciam conhecimentos objetivos e exprimiam o que seria uma boa imagem, estabelecendo também a primeira relação "livro-mundo".

Para Duborgel (1992, p. 26-28, tradução nossa), nestes livros de imagem: "A observação do objeto é, muitas vezes, mais rica que a maior parte das percepções que se pode ter diretamente desse mesmo objeto". Assim constituídas, seriam um convite à observação, à identificação, ao reconhecimento, à definição. "Uma coisa é tal coisa e não outra".

Entretanto, ao propor sua *Pedagogia do imaginário*, Duborgel (1992) considera que a função de desenvolver o imaginário das crianças fica profundamente prejudicada por esta concepção tão pragmática da imagem: "A imagem não é primordialmente feita para imaginar, mas faz consenso com uma pedagogia da observação [...] não é trampolim para os sonhos, apenas análise e classificação do mundo" (p. 30, tradução nossa).

Esclarecendo conceitos
Imageria

Para este estudo sobre imagens, a bibliografia consultada foi basicamente francesa, na qual foi encontrada incontáveis vezes a palavra *imagerie* [**imagerri** em pronúncia figurada] que, em francês, significa "**o conjunto de imagens da mesma origem ou da mesma inspiração, características de um gênero, de uma época**", segundo o Dicionário *Le Robert* (1992, p. 649, tradução e grifo nossos), que exemplifica: *imagerie populaire* (o conjunto das imagens produzidas para e/ou pelo povo) e *imagerie d'Épinal* (conjunto das imagens produzidas na cidade de Épinal). Encontrei também seguidas vezes: *imagerie enfantine* (imagens produzidas para e/ou pelas crianças) e *imagerie initial* (imagens produzidas por adultos leigos em arte), entre outras. Como foi possível observar, na língua francesa, a palavra **imagerie** é de uso corrente, porque o sufixo /erie/ é usado para designar "os locais onde algo se encontra ou alguma coisa é produzida" (Sandman, 1996, p. 36). Assim temos: *fromagerie,* lugar onde se fabricam ou se vendem queijos (*fromages*); *épicerie,* lugar onde se produzem ou se vendem tempêros (*épices*); *cremerie,* lugar onde se produzem ou se vendem derivados de leite: nata, manteiga, coalhada etc. (*cremes*). Como sufixo correspondente ao francês /erie/, na língua portuguesa temos /aria/, assim: carpintaria, charutaria, mercearia, confeitaria, padaria etc.

Cabe então a pergunta: **por que não temos a palavra imageria?** Em português, para designar um conjunto de imagens, existem, segundo o professor João Alexandre Barbosa (informação verbal), da USP, as palavras **imagética** e/ou **imagística**. No Dicionário *Larousse* (Fonseca, 1978), de edição francesa, mas escrito pelo português Fernando Peixoto da Fonseca, como tradução para *imagerie*, aparece a palavra **imaginária**. Por outro lado, a palavra *imageria* não constava como verbete no *Novo dicionário da língua portuguesa*, de Aurélio Buarque de Holanda, editado em 1975. Este último, conforme Sandman (1996, p. 8), "Embora seja uma obra abrangente, não pode querer ostentar completeza". Segundo esse mesmo autor: "muitas palavras não encontram lugar, como verbetes, nos dicionários". Porém, a edição do

Aurélio século XXI (Holanda, 1999) incluiu a palavra *imageria*, indicando-a como vinda do inglês *imagery* e do francês *imagerie*. Ainda assim, ***imageria***, palavra derivada de *imagem*, no sentido utilizado neste trabalho, não teve acolhimento no Aurélio.

Diante desses argumentos, justifica-se a escolha pela palavra *imageria* em detrimento das palavras: *imagética* e *imagística*, cujos significados semânticos não contemplam o sentido necessário para denominar o objeto de estudo.

Então, como vimos, apoiados no Dicionário *Le Robert* (1992), o sintagma **imageria escolar** (em francês: *imagerie scolaire*) pode designar: o conjunto das imagens, não da mesma origem, mas da mesma inspiração; imagens características de um gênero, ou melhor, de um estilo – o estilo escolar; imagens advindas não apenas de uma época, mas que perpassam, quase imutáveis, diferentes épocas; e, a propósito do sufixo da palavra, imageria escolar pode ser também: **o conjunto** das imagens que, ainda que produzidas em diversas fontes, foram acolhidas, reunidas no ambiente escolar, onde são (re)produzidas, justificado assim o final /erie/, pois indica **o local** onde são, facilmente, encontradas.

> Onde encontrar os desenhos estereotipados? Sempre os mesmos, enfadonhamente repetidos, eles estão em todos os lugares, mas principalmente nas escolas. É lá onde podemos apreciar a maior quantidade e variedade deles, é onde melhor podemos acompanhar seu desenvolvimento. Os vemos nos murais, nas janelas, nas portas, nas paredes, nos trabalhos das crianças... A escola parece ser o *habitat* natural dos estereótipos, um terreno fértil onde vicejam e se reproduzem à exaustão, sob o pretexto ou a ilusão de tornar o ambiente mais atraente, agradável, interessante para a criança. (Vianna, 1995, p. 58)

É necessário ainda atentar para o fato de que, o sufixo /erie/, nesse caso específico, está em lugar de /aria/, e só não é grafado com /a/, porque deriva de *imagem* (no francês *image*) e, portanto, carrega consigo o /e/ final para compor a derivação.

Caso análogo, parece-me, ocorre com cafet**eria**, que não é grafado como cafet**aria**.

Agora, passemos àquilo que nos parece ser o fator de maior relevância: a palavra *imageria* oferece também ideia de quantidade, o que particularmente interessa ao conceito de desenhos recebidos, já que estes existem em enorme quantidade no ambiente escolar. Porém, no nosso caso, "mais interessante" ainda, é a **conotação depreciativa** que a palavra *imageria* parece possuir em relação à palavra *imaginária* (esta dando a impressão de ser reunião de objetos de maior nobreza), tal como, por exemplo, a palavra *velharia* (coisas velhas, sem serventia) possui em oposição à *antiguidade* (objetos velhos de valor). Esta conotação negativa, denegridora, é talvez a que mais importa ao cansativo conjunto de *desenhos recebidos* escolares.

Sendo assim, tomei a liberdade de adotar *imageria* como um **neologismo**, movida pela **ausência de palavra mais adequada** na língua portuguesa que pudesse exprimir, com maior propriedade, o objeto de minhas investigações, respaldada pelo que diz Almeida (1988, p. 520, grifo nosso), a propósito de neologismo: "Constitui neologismo a palavra nova, introduzida pela ciência ou **por necessidade de melhor especificação**, criada dentro do idioma ou **adaptação de outros** [...]".

1.1.2
Abecedários

Os abecedários, por sua vez, constituíam-se num primeiro dicionário em imagens. Como nos imagiários, as imagens ilustravam objetos ou seres, mas a letra inicial da palavra remetia às coisas, as quais a palavra nomeava. Igualmente aos imagiários, as imagens dos abecedários também eram imediatamente identificáveis: do contrário, não poderiam ser associadas à letra inicial da palavra cuja imagem representavam.

Exemplo: na letra A, em geral, figuravam palavras e imagens como: **abelha**, **avião**, **ambulância**, **águia** e **árvore**. A relação "palavras-coisas-imagens" era a mesma que nos imagiários, com a diferença de que, nos abecedários, apresentavam-se as imagens pela **ordem alfabética** das palavras que as nomeavam.

1.2
Imagiários e abecedários no Brasil: dificuldades na representação e reprodução das imagens

Na França, o uso dos imagiários e dos abecedários podia abranger, com diferentes propósitos, todo o período da infância, desde a idade de um ano e meio até a idade de aprendizagem da leitura. As imagens para crianças, buscando a verossimilhança, se apresentavam com **valores representativos**, **naturalistas** e quase **enciclopédicos**.

Infelizmente, no Brasil, não encontramos tantas possibilidades. Aqui, esses valores da imagem, tão evidentes naqueles livros, não foram colocados em prática. Via de regra, nossas escolas nunca puderam contar com ilustrações como as dos imagiários franceses.

Na escola brasileira, em geral, as imagens que podemos apresentar às crianças são feitas pelos próprios professores, daí o seu caráter precário, denotando falta de recursos e de habilidade e também ausência de conhecimento artístico básico. Nas nossas escolas: "[...] a informação visual está longe de remeter ao objeto representado no seu conceito geral e culturalmente reconhecido" (Martins, 1997, p. 50). Assim, a qualidade das imagens e mensagens visuais que se produz e utiliza nestes ambientes, deixa muito a desejar.

As carências e poucos recursos disponíveis fazem com que, no Brasil, sejam ofe-recidas à criança imagens que nem ao menos caráter realista ou naturalista possuem: "Os alunos só identificam as palavras porque, de antemão, está "combinado" que a cada figura corresponde uma determinada palavra" (Martins, 1997, p. 50).

Esses parcos recursos levaram à representação de imagens de maneira linear, ou seja, pela sua linha de contorno. Recursos pictóricos e imagens coloridas dependem de habilidade na sua produção e, para sua reprodução, necessitam de instrumentos e equipamentos caros que, em geral, não estavam (e ainda não estão) disponíveis nas escolas. Nossas limitadas técnicas de produzir imagens, passíveis de serem reprodu-zidas, devem ter levado ao uso massivo do mimeógrafo nas escolas.

Figura 1.4 – Quadro comparativo entre as imagens francesas (coloridas) e as brasileiras (lineares, com contornos de uma só cor)

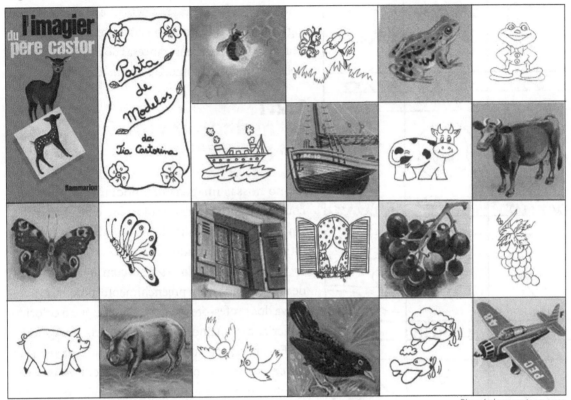

Disponível no encarte em cores.

Nota: Este quadro mescla, lado a lado, imagens francesas – coloridas – retiradas de diversos álbuns *Imagiers du Père Castor* ([S.d.]), editados por Editions Flammarion com as brasileiras – lineares, em azul violeta –, reproduzidas em mimeógrafo, pelas professoras das escolas. Estas e as demais imagens escolares, apresentadas ao longo do livro, foram selecionadas de um banco de imagens particular, constituído durante o curso de doutorado (conferir Vianna, 1999b). O banco de imagens foi formado com doações espontâneas de imagens escolares que regularmente recebia das minhas alunas. O banco conta com cerca de 300 imagens, em "estilo escolar", compreendendo: imagens para ilustrações e decoração; imagens para datas comemorativas; imagens para enfeitar exercícios, testes e provas das crianças; imagens para concretizar conteúdos e, ainda, imagens para as crianças simplesmente colorirem (desenvolvendo, segundo a crença, a coordenação motora, entre outras).

Desenhando com todos os lados do cérebro

Figura 1.5 – Exemplo de abecedário brasileiro

ave	ovo	uva	Eva
aveia	avião	vovó	viúva
dado	dedo	ouvido	dia
mão	mula	meia	Mimi

Nota: Nesta figura, destaco um fato curioso ocorrido com o desenho que exemplifica a palavra *viúva*. Meu filho, na época com oito anos, não reconheceu no desenho uma viúva e insistiu em dizer que se tratava da imagem de um *apicultor lidando com abelhas*, confirmando o que vimos apontado por Martins (1997, p. 50): "os alunos só identificam as palavras porque, de antemão, está 'combinado' que a cada figura corresponde uma determinada palavra".Ou seja, com meu filho, nada havia sido combinado!

Assim, se compararmos as imagens que as crianças francesas e as brasileiras recebem na escola, notaremos significativas diferenças: verifica-se o aspecto bem acabado que as imagens francesas possuem: contornos, volumes, jogos de sombra e *degradés* de cores.

1.2.1
O "melhoramento" da imagem

Como nossas imagens não podiam ser coloridas, coube à criança brasileira colori-las, o que a envolveu em uma atividade utilitária, no sentido de "completar" o trabalho do ilustrador.

O aspecto linear do desenho, com áreas em branco, de fato, convida a um preenchimento, porém, a expectativa dos professores talvez fosse a de que o colorido das crianças "melhorasse" o aspecto das imagens.

Essa perspectiva de "melhoramento" da imagem talvez explique a colocação, nos desenhos, de ornamentos idealizados pelos adultos, tais como: fitas, laços, flores, coraçõezinhos, rendas, babados etc., em uma, provável interpretação equivocada do que afirmou o editor Paul Foucher[3], citado pela pesquisadora francesa Parmegiani (1989, p. 253, tradução nossa): "É preciso que a imagem exerça ao máximo seu poder de atração e de sedução. Que ela sustente, esclareça, explique, prolongue o texto, fale diretamente

3 *La mission éducative des Albuns du Père Castor*, conferência proferida em Girenbad, Suíça, em 1957.

38   Os contextos do recebido

à inteligência e à sensibilidade, que ela seja bela e sincera". Porém, talvez os educadores brasileiros desconheçam a advertência que fez Foucher[4], em 1934, igualmente citado por Parmegiani (1989, p. 260, tradução nossa): "As primeiras imagens impressionam profundamente o espírito da criança e permanecem frequentemente fixadas no seu mundo interior. Se elas são feias, planas, descoloridas, correm o risco de substituir a realidade por um clichê medíocre, que se impõe obstinadamente à memória".

No Brasil, o tipo de imagem de baixa qualidade técnica e visual apresentado às crianças parece ter favorecido o aparecimento e a fixação de desenhos-clichês, de desenhos estereotipados tanto na expressão gráfica dos professores quanto na das crianças.

Por outro lado, nesse contexto, percebemos uma tendência à humanização das imagens, ao animismo, ao antropomorfismo.

1.3
O fenômeno do animismo

Fenômeno muito presente na imageria escolar, o animismo consiste na humanização de objetos, animais, plantas e elementos da natureza. Significa atribuir uma "alma" às coisas, com base na crença de que a natureza é regida por almas ou espíritos, análogos à vontade humana. "Fenômenos animistas se verificam também no chamado 'homem civilizado', especialmente nos doentes mentais e nos dominados por um pensamento infantil" (Japiassú; Marcondes, 1993, p. 20).

Segundo Jean Piaget (1896-1980), citado por Lalande (1996, p. 69), animismo é "a tendência da criança a considerar todos os corpos como vivos e intencionados".

O animismo pode se manifestar nas imagens de dois modos: como antropomorfismo (o mais comum) e como zoomorfismo (menos frequente).

Dotar as coisas representadas de formas ou atributos humanos, conferindo-lhes uma natureza humana, é o fenômeno denominado antropomorfismo. Já o zoomorfismo consiste em atribuir características animais aos seres humanos.

---

4 Prefácio de *Bonjour, Bonsoir-Albuns du Père Castor*, 1934.

1.3.1
O antropomorfismo e o zoomorfismo na história

Os antigos egípcios representavam seus deuses como homens, inclusive porque os faraós, seus soberanos, ainda que homens, eram considerados *divinos*. Assim, as representações dos homens (deuses ou não) podiam ser antropomórficas ou zoomórficas – combinação de animais e homens numa mesma imagem.

Entretanto, no Egito, as representações mais comuns eram as de cabeça de animal sobre corpo de homem. Na religião egípcia, temos deuses e deusas representados com corpo humano encimado por cabeça de animal, como: falcão, leoa, cachorro, gato, crocodilo, carneiro, escaravelho, vaca, entre outros.

Observe-se, então, que as analogias entre o homem e o animal remontam a um período muito antigo: a tradição clássica via, na semelhança "homem-animal", a prova da existência de vínculo entre o corpo e o espírito. Constantemente, nós também fazemos essas analogias, pois costumamos dizer: *forte como um leão, esperto como um macaco, perigoso como uma cobra, astuto como uma raposa*. "A fábula, gênero literário originado na Antiguidade, nasce dessa tradição" (Parmegiani, 1989, p. 144, tradução nossa). Essa autora afirma ainda que, na Idade Média, a representação zoomórfica chega a criar um "bestiário fantástico".

Por outro lado, os estudos da fisionomia, empreendidos a partir do século XVI, pretendiam descobrir o caráter de uma pessoa a partir de seus traços fisionômicos. No século XVI, o cientista italiano Della Porta (1535-1615), que fez estudos sobre fisionomia, disse, em 1563: "Diga-me com qual animal você se parece e eu te direi quem és" (Della Porta, citado por Parmegiani, 1989, p. 144, tradução nossa).

Charles Le Brun (1619-1690), pintor da Corte de Luís XIV, provou que humanos têm certas características da figura animal. No seu livro, *Traité de L'Expréssion* (Tratado da Expressão), de 1678, ele apresenta magníficos desenhos de retratos humanos em analogia com algum bicho, nos quais os homens representados demonstram enorme semelhança com aqueles, conforme pode ser observado na imagem ao lado. A associação entre pessoas a animais deu origem à arte da caricatura (Parmegiani, 1889).

Parmegiani (1989, p. 144-145, tradução nossa) continua: "Como no século XVII, a sociedade concebe o homem como o centro do universo, criado à imagem de Deus, sua superioridade está assegurada. Assim, não há por que temer a semelhança com algum animal. Um ser dotado de uma parcela de divindade não será jamais comprometido pelo animal que evoca a natureza em estado selvagem".

No século XIX, animais desnaturalizados (apresentados como humanos) são usados na crítica política e social, representados com todos os vícios humanos. Grandville (1803-1847) é o primeiro desenhista que, retomando a tradição egípcia, cria, na ilustração, um híbrido homem/animal. No prólogo do livro *Scènes de la vie privée et publique des animaux* (Cenas da vida privada e pública dos animais), publicado em Paris, em diversas edições sucessivas e também em outras línguas, a partir de 1840, o escritor e editor Stahl manifesta seu entusiasmo pelas criações do ilustrador Grandville.

Figura 1.6 – Retratos humanos em analogia com animais – desenhos de Charles Le Brun

> Nós não queremos passar por ter inventado o fazer falar os animais [...] Até agora, na fábula, no apólogo, na comédia, o homem foi o historiador e o narrador [...] Ele era sempre o principal e o animal, o acessório; era o homem que se ocupava do animal; aqui é o animal que se preocupa com o homem, que o julga, julgando a si mesmo. O ponto de vista, como se vê, mudou. (Stahl, citado por Parmegiani, 1989, p. 145, tradução nossa)

A visão de Grandville indica uma mudança de *status*: a imagem do animal não é mais somente comparada à do homem, mas é preferida à deste. As imagens zoomorfas de Grandville habitam o imaginário coletivo e inspiram, até hoje, muitos desenhistas (ver Figura 1.7, na página seguinte).

As relações entre a imagem do animal e do homem foram modificadas por concepções que questionaram a hierarquia tradicional, especialmente os estudos de Charles Darwin (1809-1882), quando, em 1859, afirmaram que o homem descendia do macaco (Parmegiani, 1989).

Fonte: Réunion des Musées Nationaux, 2000, p. 54-55.

Desenhando com todos os lados do cérebro   41

Figura 1.7 – Animais apresentados como humanos

Fonte: Grandville, 1845.

Assim, livre da conotação repugnante que imperou durante muito tempo, o antropomorfismo pôde se unir à ideia de infância. As figuras antropomórficas invadem então os livros para crianças, porque a ideia de animalidade evoluiu e o sentimento de infância encontra realização na representação idealizada da realidade.

A utilização da representação antropomórfica para crianças, durante longo tempo, foi atributo de contos, de fábulas e de textos mitológicos. Mas, seja no conto, em que o animal desempenha um papel de mediador entre o universo real e um mundo ideal, seja na fábula, em que serve de modelo social, o animal conserva sua aparência de fera disfarçada. Isso porque "a ideia de infância e a de animalidade foram durante muito tempo estranhas entre si" (Parmegiani, 1989, p. 143, tradução nossa).

1.3.2
O antropomorfismo na literatura infantil

Um procedimento bem antigo, como vimos, era representar o corpo humano encimado por cabeça de animal, ou colocar a cabeça de um homem sobre o corpo de um animal, este último menos frequente na literatura infantil que o de animais humanizados.

Os livros infantis costumam apresentar animais dotados de atributos humanos: posturas, atitudes, mímicas e roupas que promovem a identificação da criança com os personagens, facilitam o esquecimento das realidades da vida e a entrada no sonho, e prestam-se facilmente ao humor.

Na Inglaterra, Beatrix Potter (1866-1943), poeta e pintora da vida rural inglesa, tornou-se, também, autora e ilustradora. Como tal, escreveu e ilustrou livros para crianças apresentando animais antropomorfizados como heróis na vida doméstica. Após Potter, que experimentou um enorme sucesso em vários países da Europa, a representação antropomórfica se generaliza no imaginário infantil.

Seu principal personagem, o coelho Pierre Lapin (Peter Rabit no original), no início do século XX, torna-se o substituto simbólico do corpo da criança. A história, de grande qualidade plástica e emotiva, apresenta uma imagem de maternalidade: coelhos, vestidos e ensinados, vivem em torno da mãe, ressaltando o quanto, tanto na espécie humana como na espécie animal, o papel principal de mãe é o de nutrir e educar seus filhotes.

Outros personagens antropomorfizados da autora-ilustradora são sempre mamíferos: coelho, gato, rato, raposa, esquilo, porco-espinho, os quais, reproduzindo-se como os homens, igualmente necessitam ser alimentados. Inclusive, para que a identificação simbólica se dê de forma direta e imediata, ela escolhe espécies de animais cujas silhuetas comportam ser vestidas como humanos, e possam se movimentar sobre duas patas. Esse universo é apresentado em cores muito suaves, obtidas através da técnica da aquarela, o que favorece a criação de uma atmosfera de cálida intimidade. "A representação antropomórfica parece tão natural em Beatrix Potter, que dá a impressão que ela poderia até desprover seus animais das roupas humanas" (Parmegiani, 1989, p. 148, tradução nossa).

1.3.3
O antropomorfismo em produtos para crianças

O francês Benjamin Rabier (1864-1939) foi autor, ilustrador, caricaturista e publicitário. É conhecido por suas propagandas, especialmente pela imagem *La vache qui rit* (A vaca que ri), que criou para uma famosa marca de queijo francês para crianças. Ao falar sobre suas dificuldades, ele fez a seguinte afirmação: "Desenhar animais é a infância da arte; lhes dar uma expressão triste ou jovial, tudo está aí. Ora, se pode

Figura 1.8 – Exemplos de antropomorfismo na literatura infantil

Fonte: Potter, 1991.
Nota: Ilustrações de Beatrix Potter constantes do livro "A história de Pedro Coelho", tradução de Potter (1991), publicado no Brasil pela Editora Lótus do Saber – www.lotusdosaber.com – e gentilmente cedidas pela mesma.

Figura 1.9 – Desenho de Rabier para ilustrar rótulo de queijo

Fonte: Rabier, [1921?].
Nota: A tradução para o português se deve à comercialização (por um curto período) do produto no Brasil.

Figura 1.10 – Exemplos de antropomorfismo nas imagens escolares brasileiras

vestir um cão, fazê-lo saltar um arco ou dirigir um carro; é preciso uma paciência sem igual para fazê-lo rir ou chorar. Mas fazer rir uma vaca! Eu passei muitas noites em claro para conseguir" (Rabier, 1902, tradução nossa).

1.3.4
O antropomorfismo nas imagens escolares brasileiras

A tendência ao animismo do pensamento infantil, da qual fala Piaget (anteriormente citado), deve ter inspirado os "fazedores" de imagens escolares no Brasil, pois segundo a pesquisadora Danset-Léger (1975, p. 439, tradução nossa), "nas crianças de até aproximadamente 10 anos, a identificação e a projeção são mais fáceis com as representações de animais (colocados em situações conflituais) do que com representações de personagens humanos".

Assim, para exemplificar, na amostragem das imagens escolares brasileiras, usadas especialmente com crianças mais pequenas, temos animadas (dotadas de alma, de vida), entre muitas outras: **um livro**, com olhos, nariz, boca, braços e pernas; **uma espiga de milho**, também dotada de feições humanas, num ambiente que parece ser uma cozinha, posicionada entre uma panela e um caldeirão, segurando um garfo, como se estivesse prestes a cozinhar; **uma cebola**, dotada de feições humanas e com uma gola à guisa de vestimenta, fritando algo em uma frigideira, e chorando, como choram as pessoas ao descascar cebolas. Temos ainda, a conhecida imagem de **uma flor**, em cujo miolo está inserida uma fisionomia, o mesmo podendo ser observado ainda em **uma vela de Natal** ou **num balão** de festa junina[5].

Não nos cabe aqui julgar o mérito ou não do antropomorfismo em si. Creio que o nosso papel é mais o de constatar o fenômeno, tão difundido na imageria infantil e escolar. Há muito se convencionou que imagens para crianças devem ter animais, plantas e objetos antropomorfizados.

Se, como já afirmavam Comênio e depois Locke, a criança deve aprender por meio de imagens, a escola brasileira se apropriou de procedimentos que vinham sendo adotados com sucesso na Europa pela literatura para crianças.

Aqui no Brasil, penso que a imageria escolar foi constituída como pôde: na ausência de melhores meios, reproduziram-se as imagens, inicialmente por meio de decalque, ou carbono, depois utilizando-se o mimeógrafo, mas sempre na tentativa de imitar as imagens com as características e tendências que vinham da Europa. Estas, por sua vez, estavam afinadas com as teorias educacionais surgidas em cada época. Na França, sabemos, haviam editores de literatura infantil que, ao acompanhar de perto o desenvolvimento das teorias pedagógicas que iam surgindo, pesquisavam, eles próprios, sobre as preferências dos pequenos leitores e adequavam suas publicações a essas descobertas. Portanto, antropomorfizar imagens, na escola brasileira, é mais uma *ideia recebida* (ver conceito no próximo capítulo) que não se contesta ou questiona.

---

5 Sobre essa característica tão arraigada e difundida na visualidade escolar brasileira, ler, adiante, os resultados de uma pesquisa sobre o tema em *Conhecendo as realidades*.

Conhecendo as realidades
Razões e motivações para a adoção do antropomorfismo, segundo opiniões e depoimentos de *alunas-já-professoras*

A título de ilustrar as informações que apresentei anteriormente, insiro aqui uma pesquisa que realizei com professores do Ensino Fundamental no Rio de Janeiro, em 1994.

Havíamos encerrado as aulas de arte com um trabalho de construção de bichos de jornal, em que apareceram diversos exemplos de humanização dos animais.

A proposta do trabalho de arte foi a seguinte: em duplas, as alunas escolheriam um animal para representar, confeccionando-o apenas com jornal amassado, amarrado com barbante. Concluída a estrutura do animal, só então foi proposto completá-lo com papel crepom e cola, para dotar-lhe de atributos e características. É importante esclarecer que em nenhum momento foi sugerida, sequer insinuada, a colocação de atributos ou acessórios *humanos* nos animais construídos, até porque isso de forma alguma corresponde ao meu gosto pessoal.

Estando habituada a encontrar em minhas alunas *futuras-professoras* ou *já-professoras* uma tendência generalizada pelo antropomorfismo, para mim não foi surpresa e sim, mais uma vez, confirmação (e decepção!), que a maioria esmagadora dos animais tivesse sido completada com características humanas.

A inclusão de **atributos** humanos nos animais foi admitida em poucas respostas ao questionário que apresentei às alunas após a finalização dos trabalhos, sendo que somente **cílios** e/ou **boca** foram apontados como tais atributos; a última, recebeu adjetivos como *carnuda* e *bem-delineada*.

Por outro lado, em relação aos acessórios próprios dos humanos, encontramos maior quantidade e variedade. O elemento *laço* foi o de maior incidência: seja na cabeça, no pescoço, na orelha, tendo sido usado tanto em machos como em fêmeas. Aliás, uma coisa que chama a atenção: todos os animais que foram admitidos como humanizados, incluíram este elemento, o *laço*. Assim, uma "cachorrinha", uma "coelha", duas "girafas", uma "formiga" e também um "cisne" e um "pato" ganharam esse acessório que, portanto, curiosamente, não se constituiu, num elemento distintivo do sexo dos animais. Na vida real, o "laço" é um acessório decorativo exclusivo das roupas femininas, exceção feita às roupas de bebês. Talvez tenhamos, aqui, fortes evidências de duas outras características das imagens escolares: a **feminização** e a **infantilização.**

Prosseguindo na análise dos resultados da pesquisa, notamos que, ao contrário do verificado em relação a "laço", o elemento "saia" só foi incluído na caracterização de fêmeas. Foram vestidas com saia: a cachorrinha, a coelha e a formiga. Esse fato é uma provável indicação de que, apesar do difundido uso da moda unissex, em que as mulheres se vestem com calças compridas como os homens, o elemento "saia" ainda é forte identificador do sexo feminino.

Os demais acessórios encontrados, com menor incidência, porém, foram: camisa; calção; óculos; cachecol e flores. Com exceção de "flores", para fêmeas e "camisa e calção" para machos, os demais acessórios não foram distintivos de um ou de outro sexo.

Quanto às razões desse antropomorfismo generalizado, duas alunas tentaram justificar sua ocorrência pela ausência de materiais que ajudassem numa finalização mais realista – dando a entender que tecidos imitando pelos ou pele as teriam levado a esse tipo de finalização.

Não se pode concordar com essa justificativa, pois parece tratar-se de uma tentativa de colocar a responsabilidade do aparecimento do "problema" em um fator externo a elas; isso pode ser uma dificuldade de refletir mais profundamente, uma dificuldade de assumir suas próprias "intenções antropomorfizantes", ou ainda, como afirma Gil (1991, p. 30): "Quando o respondente acredita estar correndo o risco de ser julgado, reage oferecendo respostas defensivas".

À parte tais respostas, os motivos individuais apresentados para a adoção do antropomorfismo foram os seguintes: "PARA ENFEITAR", apontado mais vezes, além de outros, diretamente relacionados a este: "PARA FICAR MAIS COQUETE", "MAIS INTERESSANTE", "ENRIQUECER O VISUAL", "TER UM VISUAL MAIS BONITINHO E CRIATIVO", e ainda, para ficar "MAIS CHARMOSO, SENSUAL E CHAMATIVO."

Entretanto, algumas tentaram buscar uma motivação, digamos, mais necessária, afirmando que era para "PODER DEFINIR O SEXO DO ANIMAL, SENÃO COMO O DEFINIRÍAMOS?".

Outras acharam que seria por um "DISTANCIAMENTO DA REALIDADE" ou que foi feito assim "PARA A GENTE PODER SE IDENTIFICAR, PROJETAR-SE". Ou, ainda, para "MELHOR CARACTERIZAR O ANIMAL, PARA ELE SE DESTACAR". Disseram também que, como são professoras de crianças, "PERSONIFICAR OBJETOS E ANIMAIS FAZ PARTE DO COTIDIANO". Uma aluna ainda afirmou ser "PORQUE TEMOS DIFICULDADE DE ACEITAR O OUTRO COMO ELE É".

Em relação ao pedido para que apontassem razões para a "motivação antropomórfica" que teria animado as colegas, integrantes do grupo, sendo às vezes até meio redundantes, disseram que: "FIZERAM PARA ENCANTAR", para "FICAR MAIS ATRAENTE, DAR MAIS EXPRESSÃO, MAIS VIDA AO ANIMAL".

Algumas disseram, não sem certa propriedade, que era importante para "DEFINIR O SEXO DOS ANIMAIS", mas também "PARA DIFERENCIAR UM ANIMAL DO OUTRO". Até certo ponto é possível concordar com a primeira, mas a segunda afirmativa parece ser um equívoco, porque não são os acessórios que distinguem os animais, e sim as suas características morfológicas, próprias de cada espécie.

Outra aluna apontou ser "POR CAUSA DA AFETIVIDADE E PELA DIFICULDADE DE SEPARAR FANTASIA E REALIDADE". Disseram também que "AS PESSOAS SÃO INFLUENCIADAS PELOS DESENHOS ANIMADOS E LIVROS DE HISTÓRIAS INFANTIS" e ainda: "POR SER MAIS FÁCIL FAZER DESTA MANEIRA E POR POSSIBILITAR MELHOR IDENTIFICAÇÃO". Disseram ainda que, "COMO ERAM PROFESSORAS, ESTAVAM PENSANDO EM SUAS CRIANÇAS", e que, como já apontaram, "FAZ PARTE DO COTIDIANO ESCOLAR".

De fato, como já vimos, especialmente pela obra de Beatrix Potter, a antropomorfização agrada muito as crianças, sobretudo as menores. Segundo a pesquisadora Danset-Léger (1975, p. 441, tradução nossa): "Sabe-se que a preferência das crianças (a partir de 5-6 anos, [especialmente] entre os meninos) se volta para as imagens que representam as coisas de maneira menos fantasista (do ponto de vista do estilo gráfico)."

Perguntadas **se haveria outras possibilidades de finalização dos animais**, a grande maioria indicou:

"FAZER O BICHO MESMO, MAIS PRÓXIMO DO NATURAL, PRESERVANDO-LHE AS PRÓPRIAS CARACTERÍSTICAS"; "DEIXAR OS ANIMAIS COMO SÃO, SEM MODIFICAR-LHES AS CARACTERÍSTICAS"; "NÃO VESTI-LOS, COLOCANDO SOMENTE ATRIBUTOS DE SUA ESPÉCIE".

Uma aluna afirmou que "TERIAM MUITA DIFICULDADE SE TENTASSEM FAZER DE UMA MANEIRA MAIS REALISTA", e insiste: "SÓ TENDO OUTROS MATERIAIS". Outra sugere "NÃO PERSONIFICÁ-LOS", mas adverte: "PERDERIAM UM POUCO DO ENCANTO!"

Por último, quanto às razões de **não** terem escolhido estas últimas maneiras sugeridas, muitas afirmaram que "SERIA MUITO MAIS DIFÍCIL". Além disso, os animais ficariam "MUITO 'FRIOS' E DIFICULTARIA A IDENTIFICAÇÃO". Outras acharam que "SEGUIRAM O EXEMPLO DOS DESENHOS INFANTIS" e apenas uma apontou o fato de "ESTAREM PRESAS A MODELOS ESTEREOTIPADOS". Acharam também que os atributos e acessórios humanos são preferidos porque "CHAMAM ATENÇÃO E DÃO MAIOR REALCE". Radicalizando, uma aluna diz: "SEM ELES OS ANIMAIS NÃO SERIAM RECONHECIDOS". Uma afirmou que "FALTOU TEMPO E MATERIAL" e outra disse que "DENTRO DE CADA UM DE NÓS HÁ UM BICHINHO EMBUTIDO, E ESTA SERIA UMA MANEIRA DE PROJETÁ-LO".

As teorias sobre o recebido

[...] um estereótipo denunciado é um estereótipo que se ignorava e que nós ignorávamos como tal. [...] Mas quem denuncia e recusa o estereótipo? Jamais as massas humanas. Sempre as consciências singulares. Sempre um eu que se recusa a recitar ou que contra-recita. O estereótipo é algo que todo o mundo consente e que todo o mundo consome.

Barbéris

Em 1990, quando, por encomenda da Funarte[1], iniciei a redação de meu artigo mais conhecido: *Desenhos estereotipados: um mal necessário ou é necessário acabar com este mal?*, ignorava os motivos pelos quais a maioria das imagens escolares, bem como certas configurações que encontramos nos desenhos de crianças, adolescentes e adultos, eram denominadas como *estereotipadas*. O que eu sabia era que esse adjetivo tinha uma conotação negativa, mas ignorava o porquê. Apesar de utilizar o termo (não lembro de quem, nem onde aprendi), desconhecia tanto a origem etimológica quanto a tipográfica da palavra.

Por acaso, encontrei informações esclarecedoras na obra *A construção do livro*, de Emanuel Araújo (1986), e coloquei-as no corpo do artigo. Estou certa de ter, assim, contribuído para divulgá-las em nível mais amplo. Acredito que poucos entre aqueles que empregavam o termo (como eu) de fato soubessem defini-lo corretamente. Essa situação confirma-se nas palavras de Starfield (1993, p. 36, tradução nossa): "Poucas pessoas conhecem sua origem tipográfica [do estereótipo]". E continua: "Tal procedimento [a estereotipia] nem existe mais em tipografia."

Dentro daquilo que pesquisei, o mais curioso foi que a estereotipia, enquanto "processo tipográfico", dado por Araújo (1986) como uma invenção chinesa, não se confirmava em nenhum dos autores franceses que consultei: todos apresentavam a estereotipia como uma invenção francesa, inventada pelo francês Firmin Didot (1790-1879).

Só consegui comprovar as afirmações de Araújo que, de fato, a estereotipia provinha da China e havia sido praticada pelos chineses – séculos antes dos franceses –, numa obra sobre a história do livro naquele país. Considerei, no mínimo, inusitado que nenhum autor mencionasse tal fato, nem mesmo a autora israelense Ruth Amossy (1982, 1991, 1997), uma das maiores autoridades mundiais no assunto.

---

1 Fundação Nacional de Arte. O referido artigo deveria inicialmente ser publicado no Boletim nº 16 do periódico *Fazendo Artes*, que o encomendou, mas, por modificações estruturais ocorridas na Funarte durante o governo Collor, isso não ocorreu. Anos mais tarde, o artigo foi publicado no Rio de Janeiro pela *Revista Advir* (1995) da Associação de Docentes da UERJ.

Por outro lado, quando pesquisava sobre o tema na França, percebi que lá, assim como no Brasil, o assunto também era pouco estudado, conhecido e divulgado. A bibliografia específica era muito reduzida, se comparada à de outras áreas. As bibliotecas, na rubrica *estereótipo*, ofereciam poucas opções. Além do mais, todo o material encontrado naquele país referia-se a estudos do estereótipo no cinema e na literatura, mas jamais no desenho ou na representação gráfica.

Sendo assim, creio que o conteúdo apresentado a seguir, que envolve as técnicas de reprodução, tanto de imagens como de ideias, desde suas origens, seus percursos históricos até os sentidos que foram adquirindo ao longo dos séculos, e os paralelos estabelecidos entre elas e as imagens escolares, tem a possibilidade de ampliar os conhecimentos existentes em nosso país[2], e contribuir para que outros estudos possam aprofundar essa questão.

Poncifs, clichês, estereótipos, lugares-comuns e *ideias recebidas* são termos aparentemente de igual significado. O que diferencia essas palavras e esses conceitos são as suas origens, estas sim, bem diversificadas, decorrentes de diferentes épocas e com diferentes propósitos – exceção feita a *clichês* e *estereótipos,* que têm, ambos, a mesma origem tipográfica.

O interessante é que, de acordo com a evolução histórica de cada uma delas e as mudanças de significado que foram adquirindo, houve uma tal aproximação dos sentidos que, atualmente, essas palavras ou expressões são empregadas correntemente como sinônimos. Entretanto, advertem Amossy e Pierrot (1997, p. 5, tradução nossa), "a impressão geral é [que todas carregam conotação] negativa". No Brasil usam-se, frequentemente, apenas três destas cinco palavras: *clichê, estereótipo* e *lugar-comum,* parecendo-me ser esta última a mais empregada. Já o termo *poncif,* até onde sei, quase nunca foi aplicado no Brasil; quanto a *ideias recebidas,* expressão e conceito privilegiados neste trabalho, tampouco são aqui utilizadas.

Para as citadas autoras, é somente no século XIX que "toda esta série de expressões,

---

2 Mesmo as teses brasileiras que consultei na revisão bibliográfica, abordando a questão, não trazem uma definição clara de estereótipo, nem abordam suas origens. Temos nesse caso, por exemplo, as teses de Granero (1983) e de Martins (1997).

como *lugares-comuns* ou *ideias recebidas* se tornam francamente pejorativas. Ao mesmo tempo, os termos técnicos, emprestados das artes gráficas ou da tipografia, adquirem um sentido figurado, que designa, pejorativamente, o desgaste da expressão verbal: são o *poncif,* o clichê e, só no século XX, o estereótipo" (Amossy; Pierrot, 1997, p. 11, tradução nossa).

Além disso, o ponto culminante da **noção de novidade** (que se contrapõe à noção de estereotipia) se encontra na teoria da evolução de Darwin (1809-1882), que dissemina a ideia de que o mundo muda continuamente.

Na Idade Média, a cópia não era nem um pouco desprezível. Ao contrário, antes da invenção da imprensa, o único meio de conservar as obras escritas era através do trabalho minucioso de cópia que os monges faziam em suas abadias. É só a partir do romantismo que se pode observar uma verdadeira importância dada à novidade e à originalidade. A ênfase nestas premissas marca o século XX, principalmente no início, mas elas continuaram, até hoje, a representarem valores positivos.

Passemos, agora, ao detalhamento desses conceitos ao longo da história, para estabelecermos correlações com nossos desenhos escolares e entendermos a reprodução de imagens e ideias que ocorrem no âmbito da escola.

2.1
Poncifs

Poncif é um termo antigo, vindo das artes gráficas que, no século XVI, designava o papel no qual o contorno de um desenho era recortado ou perfurado com pontinhos, bem próximos uns dos outros. Esse papel, já perfurado, era colocado sobre uma tela, uma parede ou outra folha de papel e, passando-se um pó colorante sobre o desenho perfurado, com a ajuda de um *ponce* – pedaço de feltro que se impregna de pó colorante –, o pó facilmente atravessava para o outro lado pelos furos efetuados no modelo, fazendo assim aparecer, na superfície escolhida, o desenho que se queria reproduzir. O nome *poncif* deriva tanto de *ponce* quanto de *ponction* (punção), o ato de perfurar uma superfície com instrumento pontiagudo.

Desenhando com todos os lados do cérebro

Esclarecendo conceitos
Poncif

Vocábulo francês, sem tradução para o português. No *Novo dicionário da língua portuguesa* (Holanda, 1975), *poncif* está registrado com a grafia francesa. No dicionário francês-português (Fonseca, 1978), encontramos o vocábulo *estresido* como sinônimo de *poncif*. Voltamos ao *Novo dicionário* da *língua portuguesa* e só encontramos *estresir* (verbo), mas não *estresido* (substantivo). Neste, *estresir* é apresentado como sinônimo de "copiar fielmente", "reproduzir". Já no *Dicionário contemporâneo da língua portuguesa*, Caldas Aulete (1986) dá a palavra *estresido*, substantivo masculino, como "ação ou efeito de estresir" e *estresir*, verbo, como "passar um desenho de um papel para o outro, de uma superfície para outra, picando-o e aplicando-lhe pó de lápis ou de carvão, ou fazendo uso de papel transparente e copiando sobre ele, por meio de lápis ou ponteiro, os contornos do desenho que se quer passar: *foliar, transfoliar*". No sentido figurado: imitar, copiar, reproduzir. No Brasil, usamos popularmente, como sinônimo de *poncif,* a palavra *risco*: "desenho de um motivo decorativo, que se destina a ser bordado [ou colorido]" (Holanda, 1999).

Ao longo dos séculos, o termo foi passando por transformações: de um sentido "literal", atingiu um sentido "metafórico". No século XIX, *poncif* passa a ser "um desenho feito de rotina, segundo um tipo e procedimentos convencionais." (Le Robert, 1828, citado por Amossy; Pierrot, 1997, p. 14, tradução nossa). O termo foi empregado inicialmente como adjetivo (anos 1830) e depois como substantivo (antes de 1850). De qualquer modo, a palavra *poncif* passa, então, a designar um "trabalho banal, sem originalidade, reproduzindo formas convencionais" (Larousse du XIXe siècle[3], citado por Amossy; Pierrot, 1997, p. 14, tradução nossa).

---

3 Nome completo: *Larousse – Grand Dictionnaire Universel du XIXe siècle*. O dicionário *Larousse* é citado de diferentes formas pelas autoras Amossy e Pierrot.

Na literatura, *poncif* qualifica uma temática, um personagem ou um estilo convencional. Porém, a palavra *poncif* – esta é a sua particularidade – abrange também as belas artes, o teatro e a música. Segundo Amossy e Pierrot (1997, p. 14, tradução e grifo nossos), o mesmo dicionário *Larousse*, em 1874, afirma:

> Deu-se, por extensão, em literatura como em pintura e em escultura, o nome de *poncif* às composições às quais falta originalidade e que parecem feitas sobre um padrão comum. O *poncif* reinou em pintura, sob a mais nobre tradição: longe de ser considerado como o que ele é realmente – uma marca de impotência –, era visto como uma prova de gosto, de respeito aos modelos, de docilidade ao ensinamento dos mestres. [4]

Amossy e Pierrot (1997, p. 14-15, tradução nossa) citam o escritor Marcel Proust (1871-1922) que dizia: "toda novidade tem por obrigação eliminar o *poncif*" e, por outro lado, apontam que Charles Baudelaire (1821-1867), um dos maiores e mais originais escritores franceses escreveu: "Criar um *poncif* é um talento".

Podemos concordar, em parte, com a afirmação de Baudelaire, porém, no caso das imagens escolares brasileiras, não se sabe quem foram os "talentosos" criadores dos *poncifs*.

No século XX, entretanto, o vocábulo *poncif*, significando tema literário ou artístico "repisado", desaparece da linguagem crítica. Igualmente, enquanto processo de reprodução de desenhos, parece ter caído em desuso após o advento das técnicas mecânicas para realizá-lo.

---

4 Os aprendizes reproduziam os desenhos traçados pelos artistas consagrados. No filme Artemísia (1997), saga da primeira pintora da história da arte, podemos apreciar o uso dos *poncifs* ou "estresidos", prática muito difundida na realização dos afrescos do Renascimento.

Desenhando com todos os lados do cérebro

2.1.1
Poncifs na escola brasileira

Assim, traçando um paralelo, se o termo ainda estivesse em voga, poderíamos chamar de *poncifs* tanto os modelos de desenhos que nas nossas escolas se prestam a ser reproduzidos (as *matrizes,* no jargão escolar), quanto as próprias reproduções, os desenhos deles resultantes.

O processo de reprodução de imagens, ao longo do tempo, aperfeiçoou-se, ganhando novas formas e apresentações. Dando um salto na história, chegaremos ao advento do mimeógrafo, que parece ser um dos descendentes diretos do *poncif.*

O uso do mimeógrafo possibilitou a reprodução de imagens de forma mecanizada e, ao mesmo tempo, caseira: era uma maneira mais rápida do que os usuais procedimentos manuais (carbono, decalque etc.), viabilizando maiores tiragens de uma mesma matriz. A sua adoção maciça nas escolas, pode-se imaginar, deve ter sido acompanhada da mesma euforia que se presencia hoje com a introdução do computador em tais estabelecimentos. No entanto, conforme assinala Martins (1997), fotocopiadoras e computadores não fazem parte dos recursos tecnológicos disponíveis para todos os profissionais na maioria das escolas públicas brasileiras; assim, em muitos destes ambientes, o mimeógrafo continua sendo o grande meio de reprodução de imagens.

Para estabelecer, ainda, outros paralelos, serão abordados agora alguns aspectos observados nos *desenhos recebidos* escolares. O desenho escolar, como vimos, é, em geral, um desenho construído só com contornos, feito essencialmente com linhas contínuas. Raros são os casos em que a figura é desenhada de outra maneira (com traços curtos, interrompidos e hesitantes, por exemplo). Além do mais, em tais desenhos, praticamente nenhuma forma é preenchida com textura. Nesse aspecto verificam-se algumas poucas exceções – geralmente, estas ocorrem nas pupilas dos olhos de animais, bonecos, pessoas etc. que aparecem, muitas vezes, pintadas de preto (ou azul arroxeado, no caso das imagens reproduzidas em mimeógrafos a álcool). Em alguns poucos casos, encontram-se, dentro de certas formas, pequenos traços paralelos para sugerir dobras de roupas, volume ou movimento, transparência ou brilho.

Ainda assim, em geral, esses desenhos, tais quais os *poncifs*, já foram tantas vezes reproduzidos que perderam a qualidade: os traços que agora constroem tais imagens, apesar de contínuos, são inseguros, sem determinação nem espontaneidade, muito diferentes daqueles que são produzidos livremente. Não são mais os traços de alguém que desenha, e sim de alguém que **traça por cima** de um desenho feito por outrem; alguém que só decalca, recobre um traçado, tentando reproduzir fielmente.

Por outro lado, na tentativa de obter maior precisão, o "passar por cima" exige que a mão esteja sempre apoiada no suporte, o que acaba por limitar a amplitude do gesto. Esse fato, por si só, acarreta visíveis consequências na imagem. Explicando melhor: quando um traço recobre outro, não pode ser direto ou decidido, porque a própria mão que reproduz os traços também esconde muitas partes do desenho. Estando apoiada sobre algum ponto da imagem que está sendo recoberta, em curtos intervalos de tempo, essa mão deve mudar o lugar de apoio, para assim permitir ao desenhador[5] ver **como** e **por onde** continua a linha que já iniciou. Estas interrupções, ainda que instintivas e muito breves, ficam inevitavelmente registradas no desenho, pois são a suspensão momentânea do gesto que produz o traço. O mesmo não acontece quando se desenha livremente, caso em que a mão pode ficar tanto apoiada como descolada, livre do suporte (no ar), e o gesto pode ser amplo e direto. Assim, o desenho que resulta de recobrimento fica forçosamente carregado da perda da espontaneidade: seu traçado é tortuoso, parecendo não ter direção, evidenciando, até mesmo, certas deformidades nas figuras desenhadas: "As deformações da imagem [...] não resultam de ações intencionais de expressão, mas de limitações na interação técnica com os meios de cópia da imagem" (Martins, 1997, p. 68).

Não obstante, um procedimento tão difundido nas escolas – o da reprodução de desenhos no mimeógrafo – acarreta alguns problemas "a mais" nas imagens de uso escolar: o estêncil, papel parafinado, é "cego", ou seja, quando recebe o desenho a ser reproduzido, não registra, de forma visível, os traços que recebeu e que nele estão

---

5 Embora *desenhista* e *desenhador* possam ser considerados sinônimos, neste livro optei por utilizar *desenhador*. Desenhista, em geral, parece ser aquele que já sabe desenhar, ou é um profissional do desenho, o que não é o caso das participantes desta pesquisa.

gravados. Essa "gravação" ocorre da seguinte maneira: sobre o papel estêncil coloca-se o desenho a ser reproduzido e recobrem-se seus traços, fazendo certa pressão no lápis ou em qualquer outro instrumento pontiagudo que se esteja usando. A dificuldade de gravar o modelo no estêncil é a mesma já apontada para recobrir traços, mas com um agravante: como não se pode ver o que foi e o que não foi feito ainda, qualquer distração, por menor que seja, pode resultar em "esquecimento" de recobrir alguns traços ou partes do desenho. Com isso, deixam-se de traçar certas linhas, o que torna o desenho incompleto e, muitas vezes, até "mutilado", falha só possível de ser verificada após a impressão. Martins (1997, p. 72) ainda assinala outros problemas decorrentes da reprodução das imagens escolares em mimeógrafo: "muitas vezes ocorrem manchas, a folha é impressa em diagonal [desvia-se de sua orientação, entortando dentro da máquina] e o traçado perde o contraste necessário para estar legível o bastante. Decorre, então, que tanto a leitura da imagem como das palavras fica comprometida".

Por outro lado, não fica difícil imaginar a lenta e gradual deterioração que tais imagens sofrem, à medida que vão sendo submetidas a constantes reproduções. Se, a cada reprodução, o modelo perde em **qualidade de traços** e em **quantidade de riscos**, as matrizes vão ficando cada vez mais deturpadas, chegando mesmo ao ponto em que os desenhos se tornam difíceis de serem identificados com aquilo que inicialmente pretendiam representar:

> A imagem [ainda] mantém [certa] identificação visual com a realidade representada; mas o traço é econômico [...] as interferências no traçado, feitas por quem executa a cópia, determinam alterações na imagem reproduzida, se comparada com a imagem original de onde foi copiada. Essas alterações [...] acabam por criar um "caráter abstrato" para a imagem produzida, a partir de sua deformação. Desse modo, a sua significação fica condicionada tão somente pelas convenções estabelecidas em sala de aula entre professor e alunos. (Martins, 1997, p. 68)

Nessa citação, discorda-se do autor apenas quanto ao conceito de "imagem original". Na imageria escolar, dificilmente temos acesso a imagens originais. Raríssimas vezes chegamos a conhecer as fontes das imagens reproduzidas, porque: "O original passa a ser toda e qualquer matriz que permita reprodução, ainda que esta mesma matriz também seja obtida [...] de sucessivas reproduções" (Vianna, 1999b, p. 25).

Pelo exposto até o momento, constata-se que, embora o termo *poncif* não seja de uso corrente, o princípio de reprodução linear da imagem permanece e é até hoje praticado nas escolas brasileiras, ainda que mediatizado por outros recursos, em especial pelo mimeógrafo.

2.2
Estereótipos e clichês

Três séculos depois do advento da imprensa, o Iluminismo considerava muito lentos e caros os processos de tipografia que estavam em vigor, face às novas exigências de leitura. Assim, ao longo de todo o século XVIII, diversos tipógrafos se preocuparam em inventar um modo que permitisse reutilizar as pranchas já compostas com os caracteres da escrita: "Tratava-se, no fundo, de encontrar um meio de solidificar a composição dos tipos [móveis], assim evitando ocasionais perdas [...] e, sobretudo, tornando viável a impressão de novas tiragens de livros sem imobilizar material tão caro como os tipos metálicos" (Araújo, 1986, p. 546).

É a Firmin Didot que se atribui a conquista da "estereotipia" já no final do século, procedimento que permitirá reproduzir a mesma forma em número ilimitado, acelerando, assim, o processo de imprimir e tornando mais acessível a palavra impressa. Dessa forma, a tipografia introduzia um novo processo de reprodução em massa, a partir de um modelo fixo: o processo de "clichagem" ou de "estereotipia", que substituiu a composição por caracteres móveis. Por meio de uma placa flexível para matriz colhe-se a impressão de uma página já composta pelos caracteres que a escrevem, justapostos um a um. Depois, coloca-se essa matriz em um molde onde se faz derramar uma liga

Desenhando com todos os lados do cérebro 61

de cobre ou chumbo. Consegue-se assim uma placa dura que é o clichê ou estereótipo. A grande diferença deste com os processos já existentes é que os caracteres agora não são mais móveis, pois cada página forma uma massa sólida, daí o seu nome de estereó-tipo, do grego *stereos*, "sólido" e *typos*, "marca", "impressão". Destaca-se igualmente a qualidade resistente e durável do estereótipo ou clichê em relação à página que antes se compunha e decompunha a cada vez, portanto, muito mais frágil e efêmera.

Quanto à operação de clichagem, esta derivou do verbo *clicher* que significa fazer tombar perpendicularmente, rápido e com força uma matriz sobre um metal em fusão e cuja origem etimológica é considerada como onomatopaica, evocando, talvez, o barulho que produzia a matriz recebendo o metal em fusão. Essa operação de clichagem faz parte do procedimento de estereotipia que consiste em converter em um só bloco páginas compostas com caracteres móveis (Rieusset-Lemarié, 1994).

Amossy e Rosen (1982) criticam o dicionário *Larousse du XIXe siècle*, que, com a pretensão de conhecer sua fonte autêntica, dá também, como origem da palavra *clichê*, uma exclamação dos tipógrafos diante das novas fórmulas de impressão saudando com um grito: "Cliché!" a possibilidade de algo impresso ser tirado em numerosos exemplares idênticos. Os tipógrafos teriam transformado a surpresa do primeiro grito em hábito, em fórmula ritual, corrente de boca em boca. No entanto, para Amossy e Rosen (1982, p. 5, tradução nossa), esse é um "mito das origens" do clichê, não passando de uma ficção, de uma anedota.

De qualquer maneira, como vimos no início deste tópico, a origem do clichê é ainda mais antiga do que as referências francesas querem reconhecer:

> Nós não podemos silenciar sobre três tipos de impressos muito especiais que a China utilizou primeiro e que a Europa copiou e usou a mais não poder: o jornal, o cheque e as cartas de baralho. Foi na China que se inventaram os caracteres móveis. Como a xilogravura, a tipografia é uma invenção chinesa; neste domínio, igualmente a Europa foi influenciada pela China. (Guojun; Rusi, 1989, p. 29, tradução nossa)

Portanto, segundo Araújo (1986) e Guojun e Rusi (1989), a tipografia por caracteres móveis foi inventada na China, em meados do século XI, ou seja, cerca de sete séculos antes de ser descoberta pelos franceses. Segundo Guojun e Rusi, de seu inventor, Bi Sheng (1041-1049), conhecem-se poucas coisas: sabe-se que era um homem do povo, que confeccionou os primeiros caracteres da escrita com argila, endurecidos no fogo. O processo descrito é o seguinte: modelados em argila e talhados ao contrário, os caracteres móveis eram em seguida cozidos ao forno. Uma vez endurecidos, eram dispostos sobre uma placa de ferro e aí colados com uma mistura de resina de pinho, cera e cinzas de papel, sendo, em seguida, prensados sobre uma outra placa de ferro do tamanho do texto. Colocava-se, depois, esta placa perto do fogo, para fazer fundir a "cera". A placa era então retirada do fogo, a "cera" resfriada até que os caracteres em argila estivessem fixos e prontos a serem impressos. Bi Sheng conseguia fundir uma página de livro em uma placa inteiriça. Assim, mesmo sem usar o metal, como fizeram depois os europeus, ele obtinha um verdadeiro "clichê de cera".

Dessa maneira, fazendo trabalhar dois tipógrafos simultaneamente – enquanto um compunha uma placa, outro imprimia uma segunda –, a impressão se fazia rapidamente. Terminada a impressão, a placa era reaquecida e, tendo a cera novamente derretida, os caracteres podiam ser recuperados e utilizados para uma nova impressão. Esse procedimento acelerou em muito o processo de impressão na China (Guojun; Rusi, 1989).

A página fundida em placa dura funcionava como matriz; ao ser adotada pelos europeus, no século XVIII, recebeu tanto o nome de *estereótipo* como de *clichê*, enquanto *estereotipia* passou a ser o nome do novo processo tipográfico, acolhido como importante progresso técnico, que deveria permitir uma maior difusão do texto impresso. A contribuição principal do estereótipo para a tipografia foi a sua utilização pela imprensa que, no afã de divulgar informações, acabou por favorecer a quantidade em detrimento da qualidade (daí a origem da conotação negativa que foi adquirindo); porém, é inegável que essa técnica democratizou consideravelmente o acesso à coisa impressa.

O estereótipo participa da Revolução Industrial enquanto técnica que permitia a impressão em massa, pois, segundo Zilberman (1982, p. 97), "o livro foi o primeiro objeto produzido industrialmente, vale dizer, em grande quantidade."

Por isso mesmo, nem todos festejaram a nova invenção: alguns anteviram nela o declínio da editoração. De fato, também as suas origens, medíocres em relação a outros processos de tipografia, marcaram o estereótipo com uma depreciação que finalizou por levar essa palavra ao sentido figurado negativo que se conhece hoje. Além disso, é preciso igualmente considerar que a época, relativamente recente, da invenção do estereótipo, corresponde a um momento em que a sociedade ocidental moderna enfatiza a originalidade, a novidade e a singularidade. As propriedades do estereótipo e sua utilização na tipografia condenavam-no a uma depreciação eminente, pois carregavam em si mesmas a desvalorização.

Na origem, estereótipo e clichê estão estreitamente associados com a arte da fundição, nada tendo a ver com a trivialidade do lugar-comum que incorporaram depois. Em tipografia, estereotipar quer dizer tanto fazer as placas de estereótipos quanto proceder à impressão servindo-se dessas placas.

De procedimento tipográfico, o estereótipo passa ao sentido figurado, assumindo a ideia de cópia exata – reprodução – da forma ou da obra original. Fixar em uma forma invariável e perpetuar, esse é o sentido figurado do verbo (estereotipar). Outros exemplos seguem-se nas diversas formas lexicais. Assim encontram-se gestos, fórmulas, expressões do rosto, opiniões e sentimentos estereotipados; sorriso estereotipado, frases estereotipadas e, os "desenhos estereotipados" da imageria escolar. A definição de estereotipado pode ser assim resumida: "diz-se daquilo que se faz, se apresenta sob uma forma quase automática, segundo um tipo, um modelo emperrado de uma vez por todas" (*Larousse du XIXᵉ siècle*, citado por Amossy; Pierrot, 1997, tradução nossa).

Quanto ao substantivo, é em meados do século XIX que começa a aparecer seu funcionamento em sentido figurado; assim, o *estereótipo* é definido como algo continuado ou constantemente repetido, sem mudanças.

> Da ação de fixar, inerente ao verbo "estereotipar", o estereótipo torna-se coisa congelada; de coisa que se perpetua ele se torna passível de perpetuação. Do ato de repetir, chega-se ao modelo, à forma congelada que se repete. [...] Desta forma fixa, repetida indefinidamente, chega-se à desvalorização, ao caráter pejorativo. (Starfield, 1993, p. 32-33, tradução nossa)

Nos dicionários, o sentido pejorativo está subentendido na definição. Starfield propõe como definição para o termo *estereótipo*: "forma invariável, artificial e superficial que se repete automaticamente ao infinito" (Starfield, 1993, p. 34, tradução nossa). A palavra *estereótipo* serve para designar tanto o "modelo" como "suas cópias". Assim, para Starfield, o estereótipo é constituído por dois grupos de propriedades: quanto à geração do modelo, as propriedades de **invariável**, de **artificial**, de **superficial**, e quanto ao seu funcionamento, as de **repetição**, de **automatismo**, de **infinitude**. As propriedades da cópia são idênticas às do modelo. O estereótipo torna-se sólido graças à repetição em série da mesma coisa até o infinito.

> Um dos traços do funcionamento do estereótipo é que, depois da cópia inicial do modelo, a cópia pode substituí-lo nas reproduções posteriores. Há a fusão do modelo e da cópia e a perda da origem. [...] Aquele que tentar encontrar a forma original que serviu à fabricação do modelo arrisca de se perder na infinidade da repetição. (Starfield, 1993, p. 35, tradução nossa)

Além do mais, o estereótipo em sentido figurado, tal como se percebe hoje, e desde muito tempo, encontra-se alijado de seu sentido de origem. Como vimos, segundo Starfield (1993), poucas pessoas conhecem suas origens tipográficas; tal procedimento, inclusive, não mais existe em tipografia e os termos para designar aquele procedimento foram substituídos por *clichê* e pelo verbo *clicher*. Assim, o sentido original caiu em desuso e o sentido figurado tornou-se o usual.

O estereótipo ocupa, em parte, o mesmo campo que os outros termos (clichê, *poncif* e lugar-comum), mas tem um campo de aplicação mais amplo. Por exemplo, o verbo *clicher* só se aplica ao procedimento tipográfico. Já o substantivo *clichê*, além da própria placa portando relevo e permitindo a tiragem de numerosos exemplares – portanto, neste sentido, sinônimo de *estereótipo* –, designa também a reprodução de uma página de composição ou de uma imagem.

A palavra *clichê* passa a ser empregada também na fotografia, a partir de 1865, para designar o negativo, do qual se pode tirar um número indefinido de cópias. Por uma extensão analógica, ela denomina, em seguida, uma "frase feita", que se repete nos livros ou na conversação, ou, também, um pensamento banal. "A palavra clichê é empregada nesse sentido desde 1860" (Amossy; Pierrot, 1997, p. 11, tradução nossa).

Para Rieusset-Lemarié (1994), o emprego com sentido pejorativo de *clichê*, como *lugar-comum* ou *poncif*, só foi atestado a partir de 1869, quatro anos depois que o termo já designava não mais somente um procedimento tipográfico, mas também uma imagem fotográfica em negativo. "É, principalmente a associação do clichê à fotografia que parece ter desencadeado a sua depreciação" (p. 28-29, tradução nossa). De fato, o processo fotográfico, logo após o seu surgimento, foi desprezado pelos escritores, que o enxergavam como ameaça à literatura.

O surgimento da palavra *clichê*, no entanto, marca uma etapa na história do pensamento crítico. A partir dos anos 1870, entravam na moda as coleções populares (de provérbios e dicionários de gírias) e antologias de clichês ou de lugares-comuns da conversação, dos quais o mais conhecido é o *Dictionnaire des idées reçues*, de Gustave Flaubert. Este último subverte também os dicionários de epítetos e de paródias, desmontando, entre outras, as associações verbais que se tornaram automáticas. De onde vêm os clichês? Para Gourmont (citado por Amossy; Pierrot, 1997, p. 12, tradução nossa), "da má literatura, [...] da literatura de novela, que dá a impressão de um cérebro anônimo, e dos imitadores dos grandes escritores, que *clicham* seus procedimentos".

Com o desenvolvimento da imprensa, o clichê passa a ser associado à produção de massa e à questão do grande número de leitores.

Pelo exposto, constata-se que *estereótipo* e *clichê*, embora sejam palavras diferentes, significam a mesma coisa. Tiveram a mesma origem e ao longo da história ganharam algumas conotações um tanto diversas, mas ambas permanecem, ainda hoje, significando **repetição**: seja de ideias, seja de imagens.

2.2.1
Estereótipos e clichês na imageria escolar brasileira

Quanto aos "desenhos escolares brasileiros", esses podem ser denominados de *estereotipados*, porque, genericamente, guardam as mesmas características da conotação da palavra: são duros, fixos, imutáveis e reproduzíveis ao infinito.

Sendo assim, ainda resta a pergunta: *Por que os professores, quase unanimemente, adotam os desenhos estereotipados nas escolas?* Talvez Amossy e Pierrot (1997, p. 43-44, tradução nossa) forneçam uma explicação:

> A adesão a [...] uma imagem compartilhada permite [...] ao indivíduo proclamar indiretamente sua fidelidade e obediência ao grupo do qual deseja fazer parte. Ele exprime de alguma maneira, simbolicamente, a sua identificação a uma coletividade, assumindo seus modelos [...]. Fazendo-o, ele substitui o exercício do seu próprio julgamento pelas maneiras de ver do grupo ao qual lhe importa se integrar.

Assim, podemos concluir que, adotando as imagens estereotipadas, os professores passam a pertencer ao grande grupo profissional que as aprova e utiliza. Eles tomam tal atitude sem julgamento próprio, sem nenhum questionamento, baseados no senso comum.

Prosseguem Amossy e Pierrot (1997) dizendo que, em contrapartida, o indivíduo pede ao grupo o reconhecimento de que a ele pertence; nesse sentido é que o uso dos desenhos estereotipados favorece a integração social dos professores ao ambiente escolar. Ao mesmo tempo, o estereótipo assegura a coesão do grupo, cujos membros aderem, majoritariamente, aos estereótipos dominantes.

Para a psicologia social, a identidade social de um indivíduo se define, não em termos de sua personalidade singular, mas em termos de "pertencimento" a um grupo. Além do mais, o estereótipo reforça a autoestima do sujeito que permite distinguir comodamente o "nós" do "eles". O estereótipo participa, assim, da *doxa*: é a opinião pública, o espírito majoritário, o consenso, espécie de "voz do natural".

O pesquisador francês Maffesoli[6] (1988, p. 124, tradução nossa), ao desenvolver seu conceito de *être-ensemble* (estar-junto), observa que: "O indivíduo não pode ser isolado; ele está ligado [seja] pela cultura, pela comunicação, pelo lazer, pela moda, a uma comunidade [...]" e, no ambiente escolar, pelas imagens que utiliza, eu diria.

Em outra perspectiva, Lippmann (1970, p. 156) complementa tal argumento: "As mais sutis e penetrantes de todas as influências são as que criam e mantêm o repertório dos estereótipos. Dizem tudo sobre o mundo, antes que o vejamos. Imaginamos as coisas, antes de experimentá-las".

Assim, creio, também são os desenhos escolares: mostram como o mundo deve ser representado, fornecendo um repertório acabado, pronto, que só precisa ser repetido.

2.3
Lugares-comuns

Comparando-se com as técnicas de reprodução de imagens apresentadas até agora, o *lugar-comum* refere-se antes à reprodução de ideias e, talvez por isso mesmo, sua origem seja a mais antiga entre essas técnicas. Os *lugares-comuns* ou *topoi (topos* no singular) remontam à antiguidade grega, à dialética e à retórica aristotélicas. Para Aristóteles (citado por Amossy; Pierrot, 1997, p. 15, tradução nossa), os lugares-comuns eram categorias formais de argumentos tendo um alcance geral, como "o possível e o impossível", "o mais e o menos", "o universal e o particular" e os contrários: "Se o bom é agradável, o que não é bom não é agradável; mas se esta última proposição não é verdadeira, a outra também não é".

A partir de Cícero (106-48 a.C.), o mais eloquente dos oradores romanos, os lugares-comuns são integrados ao *inventio* (pesquisa de ideias); primeira parte do

---

6 O Professor Michel Maffesoli foi o orientador do estágio doutoral que a autora deste livro realizou na Académie de Paris-Sorbonne, em 1996-1997, em Paris.

trabalho do orador, os *topoi* não são mais somente um método de racionalidade, eles se tornam uma "reserva de argumentos" típicos, de procedimentos de comunicação e de desenvolvimentos já feitos.

Os lugares-comuns podem tomar, assim, o sentido de "ideias batidas", quando da passagem da ideia de desenvolvimento pré-fabricado e de generalidade para o da trivialidade. Conforme Amossy e Pierrot (1997, p. 17, tradução e grifo nossos):

> o dicionário *Littrée* (1877) dá várias definições dos lugares-comuns, lugares de oratória, ou simplesmente lugares: espécie de pontos principais aos quais os retóricos antigos traziam todas as provas que eles usavam nos discursos. [...] por extensão, lugares-comuns se dizem **dos traços gerais que se aplicam a tudo**. Enfim, lugares-comuns se dizem também de ideias usadas, batidas. Assim, o referido compêndio ilustra a ideia de generalidade, na qual a expressão lugares-comuns é empregada de maneira depreciativa.

Na Europa, o valor pejorativo dos "lugares-comuns" já era predominante no século XVIII. No século XIX, sua crítica se baseia na recusa aos modelos comuns, de palavras e pensamentos. Nessa época, os lugares-comuns têm uma larga extensão semântica, unificada pela sua comum depreciação, ligada ao caráter repetitivo e demasiada generalidade. Eles servem de nome aos clichês, ou às frases prontas recolhidas nas antologias satíricas.

No Brasil, o escritor Fernando Sabino (1952, p. 4), sobre essa questão, afirma: "Ora, se as ideias se impõem pela repetição, porque ao homem é mais cômodo adotá-las que produzi-las, nada melhor que repetir o que pretendemos impor-lhe."

O que se dá com as ideias, dá-se também com as imagens. Por sua amplitude, a noção de lugares-comuns incorpora o conceito de ideias recebidas, cujos contornos parecem estar mais bem-definidos e estruturados. Por isso mesmo, lugares-comuns constituem apenas ponto de partida para a introdução do assunto abordado a seguir.

2.4
Ideias recebidas

A noção de *idées reçues* (ideias recebidas) é praticamente inseparável da figura do escritor francês Gustave Flaubert (1821-1880) e de seu projeto de fazer um "dicionário das ideias recebidas"; mas, ao contrário do que muitos pensam, ele não é o criador da expressão, muito menos o inventor das *idées reçues*.

Esclarecendo conceitos
Idées reçues

Decidi usar *idées reçues* em francês quando se tratar do sintagma *ideias recebidas*. Muito embora, ao contrário de clichê e *poncif*, a expressão *idées reçues* comporte perfeitamente a tradução para a nossa língua, creio que perde boa parte de sua força quando em português. Por outro lado, quando se trata apenas de adjetivar ideias, uso as palavras em português *ideias recebidas*. No mesmo caso, tem-se o sintagma *opinion reçue* (opinião recebida). *Reçue* com "e" no final indica o gênero feminino (singular), no caso de ideia e opinião; *reçu* sem "e", está no masculino (singular), no caso de uso, hábito; ambas as palavras, quando terminadas por "s", estão no plural: *reçues* (feminino plural) para: ideias, opiniões; *reçus* (masculino plural) para: usos, hábitos. Nas citações dos diversos autores mencionados no texto, igualmente, não traduzi *idées reçues*.

Anne Herschberg Pierrot, professora da Université de Paris VIII, especialista em Flaubert e nas *idées reçues*, no seu artigo *Histoire des idées reçues*, reconstitui essa história, tratando, como ela própria afirma, de: "retraçar a história nos discursos anteriores a Flaubert, para melhor lhes determinar a extensão: em que momento e em que sentidos *idées reçues* se emprega e quando se pode dizer que a locução se fixa no sentido de Flaubert" (Pierrot, 1994, p. 101, tradução nossa). Consultando um banco de dados especializado, nos registros ocorridos entre os anos de 1500 a 1900, a autora encontrou, em textos literários e não literários, incontáveis exemplos de emprego de *idées reçues*, tanto anteriores como contemporâneos a Flaubert, os quais analisa e comenta, à medida que vai tecendo a história daquela noção.

Para introduzir o tema dos "desenhos recebidos" e justificar a decisão de nomear assim os desenhos estereotipados escolares brasileiros, acredito, então, ser oportuno apresentar aqui a origem e o desenvolvimento histórico das ideias recebidas francesas. Isso será feito resumindo-se o levantamento histórico efetuado por Pierrot (1994), publicado em seu já citado artigo, visando tornar possível traçar os paralelos que creio existirem entre essas duas noções.

Quanto a sua conceituação mais ampla, segundo Pierrot, as *idées reçues* inscrevem-se no debate filosófico sobre a origem das ideias, opondo as "inatas às recebidas". Contestando o filósofo inglês Locke, Voltaire (1694-1778) refuta, em *Le Philosophe Ignorant*, em 1766, a existência das ideias inatas e as opõe às "[...] ideias recebidas no meu cérebro" (Locke, citado por Pierrot, 1994, p. 107, tradução nossa). Detalhando as características denotativas da expressão, tem-se que, tanto a palavra *reçue* no feminino, como *reçu* no masculino, podem assumir diferentes valores. *Reçu* pode assumir um valor verbal, com o sentido de "acolher", "admitir", "aceitar", e/ou um valor de adjetivo e, nesse caso, equivale a "consagrado", "em uso", "habitual". Opõe-se, assim, de maneira implícita ou explícita, ao que é "novo" e ao que vai "contra o estabelecido". *Reçue* pode igualmente tomar o sentido de "admitida", "acolhida".

Dependendo dos períodos, dos autores e até dos contextos para um mesmo autor, a expressão oscila de um valor neutro ou positivo a um valor francamente negativo. A conotação não desfavorável ou neutra de *idées reçues* é dada pelo contexto, mas é a valorização da inovação que acarreta uma conotação desfavorável às *idées reçues*. Percebe-se, assim, que é frágil o limite entre a avaliação neutra e a pejorativa das *idées reçues*.

Embora a expressão existisse bem antes, foi somente registrada nos dicionários no século XX.

No século XIX, as *idées reçues* estavam estreitamente ligadas aos preconceitos. Com efeito, seria o dicionário francês *TFL* que se encarregou de acrescentar um elemento a mais aos sinônimos de *reçu*: "que é comumente admitido, estabelecido; sinônimo de consagrado, frequentemente pejorativo; que constitui um lugar-comum; ideias recebidas, ideias prontas; preconceito" (TFL, citado por, Pierrot, 1994, p. 102, tradução e grifo nossos). Entretanto, Pierrot verificou que o caráter pejorativo não está sempre explícito, o que, segundo ela, parece indicar que no fim do século XIX tudo se confundia, os lugares-comuns antigos, os clichês mais recentes e as *idées reçues* concernentes tanto aos traços de linguagem quanto aos preconceitos vigentes.

As *idées reçues* emergem no século dos iluministas[7]. O primeiro emprego que se conhece de *idées reçues* figura, de maneira significativa, nas *Lettres Philosophiques* de Voltaire, mas, durante muito tempo o sintagma não se fixou e, mesmo em *Flaubert*, *reçue* parece guardar seu valor de particípio passado. A primeira ocorrência de *idées reçues* se encontra, portanto, em associação com ideias e preconceitos vulgares, querendo significar as ideias e os preconceitos da multidão, comumente difundidos. A expressão está ligada à ideia de massa, num contexto que opõe ciência e religião: "é certo que a Santa Escritura, em matéria de física está sempre em harmonia com as *idées reçues*; assim ela supõe que a Terra é imóvel, que o sol gira em torno da Terra etc. Não é certamente por um refinamento de astronomia que Ela diz que as estrelas são incontáveis, mas por aceitar as ideias vulgares" (Voltaire, citado por Pierrot, 1994, p. 103, tradução nossa).

Na concepção de Voltaire, as *idées reçues* certamente inspiraram Flaubert, mas, para Voltaire, elas estavam associadas aos preconceitos, estavam do lado do erro e da ignorância. *Reçu* tem, assim, o sentido daquilo que é admitido, aceito sem ser

---

7 O Iluminismo foi um "Movimento filosófico também conhecido como Esclarecimento, Ilustração ou Século das Luzes, que se desenvolveu notadamente na França no século XVIII, caracterizando-se pela defesa da ciência e da racionalidade crítica, contra a fé, a superstição e o dogma religioso. No plano político, o Iluminismo defende as liberdades individuais e os direitos dos cidadãos contra o autoritarismo e o abuso do poder" (Japiassú; Marcondes, 1993, p. 128-129).

repensado, da mesma forma que preconceito é entendido como: "uma opinião adotada sem exame" conforme o *Dictionnaire de l'Académie,* citado por Pierrot (1994, p. 103, tradução nossa), e que, portanto, é suscetível de ser falsa. À tal opinião se opõe o espírito do livre exame.

Em um outro contexto, o naturalista e escritor filosófico Bonnet (1720-1793) antagoniza, em 1754, na introdução de seu *Essai de Psychologie,* os fatos e as ideias recebidas. No entanto, é em 1770, no *Système de la Nature,* do filósofo francês D'Holbach (1728-1789), que se formula a rejeição mais veemente às ideias recebidas, associadas aos preconceitos e à religião. Esse livro contém reflexões importantes sobre a ligação entre a opinião recebida, o hábito e o poder estabelecido. As *idées reçues,* no *Système de la Nature,* têm o valor de ideias aceitas, verdadeiras ou falsas, mas sustentadas pelo hábito. "Em uma palavra: as ações dos homens não são jamais livres; elas são sempre consequências de seu temperamento, de suas *idées reçues*" (D'Holbach, citado por Pierrot, 1994, p. 104, tradução nossa)

D'Holbach (citado por Pierrot, 1994, p. 104, tradução nossa) associa as *idées reçues* aos preconceitos em matéria de religião e faz o retrato daquele que se pode chamar de um *espírito forte:* "se diz de uma pessoa que se vangloria de não crer nos dogmas da religião e em geral de alguém que se coloca acima das opiniões e das máximas recebidas".

2.4.1
Flaubert e as *idées reçues*

Por volta de 1850, surgem para o escritor Gustave Flaubert (1821-1880) as *idées reçues.* Flaubert não inventou propriamente a expressão, mas deu a ela uma força que foi radicalmente nova e fundou a ideia de que "não se pode escapar das ideias recebidas". Obcecado em combater a estupidez geral – "Eis aí o inimigo, não há mesmo outro inimigo" (Flaubert, citado por Sabino, 1952, p. 13) – ele esperava, inicialmente, denunciar tais ideias com uma obra gigantesca intitulada *Enciclopédia da estupidez humana.*

De fato, desde criança, o assunto o atraía; tanto que, já naquela época, anotava as tolices que dizia ou fazia uma senhora que visitava sua mãe. Aos vinte anos, tinha uma preocupação cotidiana de organizar um dicionário de lugares-comuns e ideias recebidas, o qual, propositalmente, não deveria, segundo ele, conter nenhuma palavra sua (Sabino, 1952).

Sabe-se que o projeto de fazer um dicionário das *idées reçues*, concebido por volta de 1847, aparece registrado, pela primeira vez na sua *Correspondence,* em 1850. Este é um projeto que acompanha, com efeito, toda a sua obra futura e que encontra parcial realização literária (o dicionário não foi jamais concluído) no segundo volume do romance *Bouvard et Pécuchet*, publicado em 1881, igualmente inacabado.

Assim, o dicionário aparece (sem o prefácio que tanto o excitara e que nunca chegou a escrever), nos roteiros daquele romance, como um pedaço da cópia que fazem os personagens-título: Bouvard e Pécuchet. Os roteiros mais tardios de Flaubert, que acompanham o início da redação desse romance (1872-1880), preveem que façam, eles dois, o *Dicionário das idées reçues*.

O segundo volume de *Bouvard et Pécuchet* visa, assim, desorganizar os saberes e sublinhar os dogmatismos apresentados no primeiro. Isso é conseguido por meio da cópia de citações, tomadas dos autores consultados, para a redação do primeiro volume, separadas de seus contextos e de seu campo de referência e, quase sempre, colocadas em paralelo por suas contradições.

Depois da morte de Flaubert, foi encontrado, entre seus manuscritos, um caderno de 40 páginas com o título: *Dictionnaire des idées reçues,* com 674 verbetes, redigidos sem preocupação com a forma ou ortografia[8], sendo tudo o que chegou a realizar do projeto idealizado durante a vida inteira. A relação do dicionário (parte da obra) com a totalidade da obra *Bouvard et Pécuchet* é apenas estrutural. Os verbetes do dicionário, através da cópia, retomam ou contradizem as citações do primeiro volume, e participam da mesma estratégia de desprezo pelos discursos citados, acrescidos de um grau a mais: o prazer da referência sonegada, pela omissão das fontes.

---

8 Mais tarde, outros vocábulos encontrados em fichas avulsas relacionadas ao dicionário lhe foram agregados, para compor sua versão definitiva, enriquecida com os novos verbetes (Sabino, 1952, p. 15).

O dicionário reúne as categorias de classificação previstas para a cópia que fariam aqueles personagens – Bouvard e Pécuchet – (espécimes de estilo, belezas da história, ódio aos grandes homens...) e, como o conjunto do segundo volume, ele está, por outro lado, em ligação com os domínios transversais enunciados nos dez primeiros capítulos do primeiro volume do romance: há questões de agricultura, medicina, história natural, astronomia, filosofia, de política e de economia. Para abordá-las, Flaubert cria "um dispositivo irônico, cujos critérios são instáveis" (Amossy; Pierrot, 1997, p. 22, tradução nossa), retomando as crenças populares e as zombarias tradicionais. "O consagrado romancista francês realiza nesta pequena obra uma saborosa brincadeira, montando um peculiar alfabeto, inteligente, irônico, e bem-humorado" (*Dicionário das ideias feitas*, 1995, quarta capa).

Anos depois, o dicionário de Flaubert ganhou edições independentes, constituindo-se numa "obra em si", tendo então obtido a notoriedade da qual desfruta até hoje.

Flaubert se coloca como o "advogado do diabo da asneira", para melhor mostrar que ela conduz ao empobrecimento da vida e da humanidade (Meyer, 1994, p. 88, tradução nossa).

Não é que ele dê uma nova acepção às *idées reçues,* mas lhes outorga uma enorme importância. E, sobretudo, ele desenvolve a esse propósito uma reflexão que concentra e formula claramente aquilo que as caracteriza: "ideias corriqueiras, tratadas de maneira chistosa, abrindo brechas para mordazes críticas sociais" (*Dicionário das ideias feitas*, 1995, quarta capa). Para ele, as *idées reçues* não são simples lugares-comuns, no sentido de banalidades, de repetições. Seu dicionário mostra o processo da autoridade e da crença que está em jogo indefinidamente na opinião. Em várias passagens, em sua *Correspondence*, 1852, ele sublinha o caráter imperativo e dogmático das *idées reçues*: "São Pedro de Roma, obra glacial e declamatória, mas que é preciso admirar; é uma ordem, é uma *idée reçue*" (Flaubert, citado por Pierrot, 1994, p. 117, tradução nossa).

Para Flaubert, uma *idée reçue* não se opõe a ideias mais novas ou mais verdadeiras. Ela está ligada às regras e normas sociais, ao imperativo que pretende regular os comportamentos individuais com o *é preciso* (em francês, *il faut*). Se as *idées reçues* não têm sentido verdadeiramente determinado, elas têm, por traço comum, a convenção social, sustentada pelas normas imperiosas que regulam a vida burguesa. Flaubert liga claramente as *idées reçues* à instituição, ao poder e às modas estabelecidas. "É preciso atacar as *idées reçues*, a Academia, a Escola Normal, o Conservatório, a Comédia Francesa, tudo o que lembra uma Instituição" (Flaubert, citado por Pierrot, 1994, p. 118, tradução nossa).

É, efetivamente, Flaubert que dá às *idées reçues* sua força crítica, após 1850. No fim dos anos 1870, as coletâneas de frases feitas e os dicionários de clichês estão na moda. Há outras obras apresentando antologias de clichês (incluindo plágios de Flaubert) que formam, com o *Dictionnaire des idées reçues*, uma espécie de "enciclopédia paródica da conversação" entre 1840 e 1870.

Entretanto, ao contrário do movimento enciclopedista do século XVII e dos grandes enciclopedistas do século XVIII, Flaubert não acredita que se possa opor às *idées reçues* um "discurso de progresso". Ele associa claramente as *idées reçues* à crença religiosa (ou à crença no dogma revolucionário), à ausência de discussão, à ignorância que se opõe à ciência. Na oposição do indivíduo à massa, Flaubert faz a síntese da crítica dos iluministas (a razão contra os preconceitos) e a recusa romântica da norma comum, que visa não somente à trivialidade do lugar-comum, mas à submissão aos valores correntes, aos conformismos do poder (*idées reçue* é a ideia dominante), e não cessa de insistir sobre seu caráter de autoridade. Mas, para Flaubert, nesse campo, particularmente, não há pedagogia possível, nem mesmo saída: não se escapa das *idées reçues*, nem das crenças. Portanto, segundo ele, já que não se pode desprender-se das *idées reçues*, nem dos estereótipos, a única coisa a fazer é reunir em um catálogo alfabético aquilo que se diz em sociedade (Pierrot, 1994).

A enunciação de todas essas ideias em forma de dicionário, ainda que impessoal, não impede que se perceba o texto como uma autobiografia (de um homem, de uma geração, de uma época), ou também como um livro de memórias: "Dono de uma habilidosa ironia, o autor de Madame Bovary deixa à deriva seu impecável estilo sisudo e se solta inteiramente. Uma curiosa "obra paralela" que traz a público um lado desconhecido da personalidade desse grande escritor" (*Dicionário das ideias feitas*, 1995, quarta capa). Entretanto, seu dicionário não fica, evidentemente, reduzido a uma biografia. Seu texto está em completa afinidade com as anedotas, os exemplos e as asserções do dicionário *Larousse du XIXᵉ siècle*, comprovando que "todo dicionário ou toda enciclopédia tem por vocação transmitir *idées reçues*" (Amossy; Pierrot, 1997, p. 30, tradução nossa).

As *idées reçues* atingem tanto a linguagem quanto os comportamentos. Elas são o "pronto a dizer" (em francês, *prête-à-dire*), o "pronto a pensar" (*prête-à-penser*), o "pronto a fazer" (*prête-à-faire*), prescrito pelo discurso social.

Assim, na opinião de Amossy e Pierrot (1997), o que nos deixou Flaubert com as *idées reçues* é a ideia de lhes consagrar uma rejeição radical, mas é também o seu caráter inevitável: "não se escapa jamais completamente às ideias recebidas, aos preconceitos".

Muito embora se continue, ainda hoje, a fabricar antologias de *idées reçues* ou de "frases da moda" como veremos mais adiante, "o Dicionário de Flaubert tem para si sua ironia e a ambiguidade de sua enunciação, uma voz anônima, indeterminada, mas pressente-se que representa um grupo [...]" (Amossy; Pierrot, 1997, p. 26, tradução nossa).

2.4.2
Idées reçues na atualidade

À maneira do *Dictionnaire des idées reçues,* os livros atuais, dedicados ao tema inaugurado por Flaubert, procuram denunciar as crenças, principalmente aquelas que são frutos da ignorância e do dogmatismo. Ainda hoje, em que pesem as mídias, com seu impacto de informações, de ilustrações, de diálogos entre peritos, de entrevistas com autoridades de todos os setores da vida, da ciência e da tecnologia, o homem moderno continua com muitas ideias recebidas, com muitos clichês: "um certo número de afirmações e de pensamentos populares perdura e continua a se expandir na opinião pública sem que nenhuma confirmação científica venha jamais lhes validar, sem que nenhuma reserva lhes seja colocada, sem que jamais sejam sequer questionadas. São as *idées reçues*" (Delaroche, 1988, p. 5, tradução nossa).

> Nós (e, sobretudo, os outros) vivemos mergulhados em ideias recebidas: as de ontem eram, frequentemente, impostas pela Igreja; as de hoje são, principalmente, refugos de uma ciência vulgarizada ou de ideologias sempre renovadas. Inúmeras, não poupando ninguém e solidamente amarradas ao nosso inconsciente, elas são falsas na sua maioria e se revestem das formas as mais variadas: **ditados**, **provérbios**, **confidências**, **rumores** e até **diagnósticos**. Benéficas ou nocivas, nós as recebemos mesmo assim como *palavra de Evangelho,* e temos a inevitável tendência de lhes dedicar fidelidade. (Delaroche, 1988, p. 7, tradução e grifo nossos)

Elas são, às vezes, verdadeiros tabus, cujas origens encontram-se mais nas concepções morais que nos estudos científicos. "Uma ideia recebida não deve submeter-se a nenhum exame para ser recebida. Isso é o que a caracteriza: não o fato de ser inexata ou banal, mas o fato de ser aceita sem reflexão" (Nordon, citado por Bouvet, 1997, p. 9, tradução nossa).

Verdadeiras ou falsas, elas circulam, proliferando-se não se sabe como. Não é nem mesmo necessário lhes escrever para que elas se propaguem, até porque, uma *idée reçue* é, por excelência, oralmente transmissível. Fornecida pelo "boca a boca", ela é reforçada pela multiplicação de contatos. Populares ou doutorais, empíricas ou portadoras da marca científica, elas conferem autoridade àquele que lhes transmite.

Além disso, as *idées reçues* são tenazes: elas têm vida longa e resistente às ideias novas e às noções realmente científicas. Nós absorvemos a maioria das ideias sem nem sentir. Seria preciso que agíssemos de outra maneira e esperássemos saber *antes de falar,* mas, se assim fizéssemos, ficaríamos impedidos diante do mundo, paralisados por um ceticismo total, mudos para sempre. Conforme Le Robert (citado por Nordon, 1997), daí a necessidade da *doxa*: conjunto de opiniões recebidas sem discussão, como uma evidência natural em uma dada civilização

No entanto, tentando ser indivíduos singulares e originais, ainda assim nos apegamos às *idées reçues;* logo que as percebemos (nos outros), não nos faltam palavras pejorativas para lhes rotular: banalidades, trivialidades, lugares-comuns. Dessa forma, agimos um pouco como Flaubert: compartilhamos de certas ideias às quais reprovamos.

Por outro lado, se são

> **Necessárias** à vida cotidiana, as ideias recebidas são **indispensáveis** à ciência, porque o corpus científico é um corpus de ideias recebidas. Por exemplo, cada vez que um resultado de pesquisa é publicado numa revista conhecida, o que significa que obteve o aval de um comitê editorial reputado como sério, é imediatamente admitido sem outro exame pelos profissionais. Só os mais escrupulosos entre os pesquisadores, tentados a utilizar tal resultado, perderão seu tempo para reexame do fato publicado. Os outros confiam. Esse resultado dá a elas um status de idées reçues e mesmo um status de idées reçues obrigatórias (Nordon, 1997, tradução e grifo nossos, p. 10).

Além dos livros que antecederam o dicionário de Flaubert e mesmo lhe serviram de modelo, além dos que lhe foram contemporâneos, dos que tentaram imitá-lo e dos que lhe sucederam, podem-se encontrar, publicados na França, nos últimos quarenta anos, alguns diretamente ligados àquele.

O pesquisador belga Dufays (1994) nos informa sobre alguns dos principais títulos nele inspirados. Assim, conforme esse autor, em 1975, ocorre a publicação da *Encyclopédie des idées reçues* (Enciclopédia das ideias recebidas), de Bernard Valette, e, em 1978, *Idées reçues sur les femmes* (Ideias recebidas sobre as mulheres), de Nicole Bedrines e outros autores. Depois, em 1987, aparece *Le catalogue des idées reçues sur la langue* (Catálogo das ideias recebidas sobre a língua) de Marina Yaguello e, em 1988, *Les idées reçues sur la sexualité* (As ideias recebidas sobre a sexualidade), de Jacques Waynsberg e *Les idées reçues en médecine* (As ideias recebidas em medicina), de Jean-Michel Delaroche.

Além desses, encontram-se, ainda segundo Dufays (1994), outros exemplos, denominados também de *dicionários*, e que brincam, fazem trocadilhos, com a palavra *reçues*.

Entre eles, citam-se: *Dictionnaire des idées revues* (Dicionário das ideias revistas), de Jacques Sternberg em 1985; *Dictionnaire des idées reçues et rejetées* (Dicionário das ideias recebidas e rejeitadas), de Philippe Bouvard em 1985 e o *Dictionnaire des idées obligées* (Dicionário das ideias obrigatórias), de Alain Paucard em 1990.

Em 1997, presenciei o lançamento, na França, do livro *Du fer dans les épinards et autres idées reçues*[9] (O ferro no espinafre e outras ideias recebidas), organizado por Jean-François Bouvet, que apresenta vários artigos de diferentes autores, cada um discorrendo sobre uma *idée reçue* atual. Esse livro motivou também a realização de um programa semanal com o mesmo nome na televisão parisiense. O programa era apresentado pelo próprio autor do livro, que discutia, com um grupo de especialistas, a cada semana sobre uma *idée reçue* escolhida.

Temos ainda a acrescentar a esses títulos, um exemplo brasileiro que foi publicado dois anos após a edição francesa definitiva do *Dictionnaire das idées reçues*: o escritor Fernando Sabino publica, em 1952, nos Cadernos de Cultura do Ministério da Educação e Saúde, *Lugares-comuns*, com 102 páginas. Após uma introdução muito pessoal e bem-humorada, apresenta, traduzido por ele, o *Dicionário das ideias feitas*, de Flaubert. No entanto, Sabino (1952, p. 15) se permitiu suprimir algumas delas, prevenindo o leitor de que deixou de incluir "alguns verbetes sem significação para os leitores de língua portuguesa". No final da obra, Sabino apresenta, também, um não menos curioso *Esboço de um dicionário brasileiro de lugares-comuns e ideias convencionais*, afirmando que este "foi idealizado como simples apêndice ao de Flaubert" (p. 59).

Constatamos, entretanto, que essa publicação de Sabino parece não ter tido repercussão no Brasil. Aqui, nada se comenta sobre ideias recebidas; o sintagma parece inexistir na língua portuguesa; tampouco a noção ou o conceito parecem fazer parte do conhecimento ou do interesse dos estudos aqui realizados, quer acadêmicos, quer não.

---

9 Esse livro, atualmente, está traduzido para o português: BOUVET, Jean-François. **Tem mesmo ferro no espinafre**: e outras ideias feitas testadas e reprovadas. São Paulo: Ática, 1998.

2.4.3
Desenhos recebidos brasileiros

Como vimos, o trabalho de Flaubert continua a inspirar pessoas, escritores e professores ainda hoje. Foi o que me aconteceu. Após ter lido Flaubert e os estudos sobre ele e sua obra, e ter tomado conhecimento das influências que operou (e continua operando) em seus seguidores, pude perceber que as imagens apresentadas às crianças, na maior parte das escolas infantis brasileiras, não são outra coisa senão **desenhos recebidos**, porque elas se revestem praticamente de todas as características que apresentaram as **ideias recebidas** ao longo da história, muito embora se trate, aqui, de imagens, desenhos expressos por traços, em vez de ideias expressas por palavras.

Ora, se ideias recebidas são ideias que se aceitam sem repensar, sem tolerar discussão, sem consultar ninguém; ideias que constituem lugares-comuns, expressos em frases feitas, em clichês, apresentadas como verdades adquiridas desde sempre, as quais não se sabe de onde nem de quem se aprendeu, o mesmo acontece com as imagens escolares brasileiras: os modelos são aceitos sem questionamento, apresentados como representação padrão, representação verdadeira, das quais se desconhece tanto a origem quanto a autoria.

Em um artigo que escrevi anteriormente, fiz a seguinte afirmação sobre esse tipo de imagem:

> Elas vêm não se sabe de onde e vão para onde não se sabe. Nós as usamos simplesmente porque gostamos, achamos "bonitinhas", "fofinhas", "uma gracinha" [...] não sabemos quem criou, de onde as aprendemos e nem para que servem. Mesmo assim, nós as adotamos indiscriminadamente. Pior, impunemente! Elas nos parecem tão familiares, tão inofensivas [...]. (Vianna, 1995, p. 58)

É no mínimo curioso que, apesar da valorização do novo e do criativo, surgida especialmente com o modernismo, trazendo a exaltação da criatividade e da originalidade, tais desenhos, muito provavelmente, nunca tenham sido questionados, exceto por uma minoria mais esclarecida que, impotente para mudar a situação, continuou (e continua) a ter de conviver com eles, uma vez que se tornaram imagens consagradas, acolhidas e admitidas sem nenhuma contestação. São desenhos de massa, adotados sem ser repensados, por fortes razões sociais e ideológicas. Para essa minoria, tais desenhos são considerados vulgares, especialmente por serem largamente difundidos. Seriam, assim, modelos, frutos do equívoco e do desconhecimento, adotados sem nenhum exame.

Podemos afirmar que há estreitas relações entre os desenhos recebidos, o hábito instalado de repeti-los e a mentalidade estabelecida que os impõe. Sendo desenhos fixos, portanto inadaptados à invenção criativa, ainda assim, tal qual as ideias expressas nos verbetes do dicionário de Flaubert, são desenhos que, na escola, "é de bom tom" usar. Ao empregá-los, o educador espera ser considerado ou parecer conveniente, amável e competente, pois eles são a glorificação das formas que todos aprovam (crianças, pais, professores, coordenadores, diretores); por isso, são desenhos usados e batidos que se reempregam a não mais poder.

Assim, eles suscitam e polarizam diferentes reações: em minoria, se pode contrapor, contrariar, atacar, subverter, tentar mudar os modelos recebidos; na maioria, tanto se pode a eles se conformar, se submeter, bem como cultivá-los, com uma quase devoção.

A singularidade de não usar estes modelos coloca-se contra a mentalidade difundida, a da massa acrítica, que segue, sem pestanejar, as práticas dominantes asseguradas pela hegemonia do sistema escolar. As imagens que diferem do espírito dominante, quaisquer que sejam, escandalizam, porque não são compreendidas, seja porque se desconhecem totalmente as características do desenho da criança, seja porque se desconhecem as imagens produzidas pelos artistas ao longo da história da arte.

Parafraseando a escritora francesa Madame de Staël (1766-1817), citada por Pierrot (1994), diria que nós nos submetemos aos desenhos recebidos, não como a *verdades*, mas como *ao poder*. É assim que a razão humana se habitua à servidão, já que a necessidade de se conformar com os desenhos recebidos está intimamente ligada à manutenção da ordem educacional (há muito) estabelecida.

Os desenhos recebidos estão ligados aos valores dominantes na comunidade escolar burguesa, que coloca em oposição a elite e a massa, o superior e o inferior, o ativo e o passivo, o que manda e o que obedece. O valor passivo do verbo *receber* e de seu particípio *recebido*, induzem a essa dominação. Concordando com o escritor francês Honoré de Balzac (1799-1850), citado por Pierrot (1994), afirmo: criar é estar em contradição constante com os modelos recebidos, pois estes constituem uma linguagem de empréstimo, padronizada, incapaz de exprimir a subjetividade individual.

Feitos todos estes esclarecimentos, espero ter deixado claro que as imagens escolares brasileiras podem ser chamadas, indiferentemente, tanto de *desenhos poncifs*, quanto de *desenhos clichês*, *desenhos estereotipados* (expressão já consagrada), *desenhos lugar-comum* e/ou de *desenhos recebidos*.

Entretanto, decidi adotar esta última denominação pelas razões já expostas. Ficaria muito feliz se mais pessoas, estando de acordo com tais razões, também a adotassem, utilizando *desenhos recebidos* em lugar de *desenhos estereotipados*.

84   As teorias sobre o recebido

As transformações do recebido

Tudo o que recebe a adesão da massa merece ser repensado. [...] Todo homem que se afasta das **idées reçues**, *é geralmente visto como frenético, presunçoso, que se crê, insolentemente, bem mais inteligente que os outros [...].*

D' Holbach

Para a elucidação de como o processo, na época (1987) denominado de *desestereotipização* do desenho, nasceu e se estruturou, transcrevo aqui um trecho da comunicação *Desenhos estereotipados oferecidos às crianças por seus professores*, escrito para apresentação no 1º Festival Latino-americano de Arte e Cultura, realizado em Brasília, em setembro de 1987:

> Tendo sido convidada a lecionar a disciplina de "Material Didático", novo desafio se colocou em minha vida profissional. O que fazer? Ficar ensinando fazer "quadro de pregas", "flanelógrafo", "quadro mural" e "matrizes para mimeógrafo"? Não, isso me violentaria! Nunca tive receitas, muito menos moldes ou riscos, nem modelos de "trabalhinhos" para cada data do calendário a ser comemorada. Nunca acreditei neste tipo de trabalho! Optei então por questionar aquilo que se coloca nos materiais didáticos, ou seja, formas e desenhos estereotipados, feitos pelas professoras, que enfeitam ou "enfeiam" as escolas, desde a porta de entrada, até os banheiros, passando pela cantina e principalmente pelas salas de aula no setor infantil das escolas. Propus-me a refletir junto com as alunas-futuras-professoras sobre o quanto estas "ilustrações" atrapalham, interferem ou influem negativamente no desenvolvimento do desenho das crianças e sobre qual seria, então, a função dos desenhos estereotipados dentro da escola. Com diferentes abordagens da questão, tentei levar as alunas a uma experiência que chamei de "desestereotipização", pois para conseguir melhor conscientizá-las, considerei que era preciso que houvesse uma vivência prática, concreta da questão. (Vianna, 1987)

Ao ministrar as aulas práticas da referida disciplina, deparei-me, logo de início, com a necessidade premente de contornar a total carência de recursos adequados à expressão gráfica, notadamente o mobiliário impróprio, situação, aliás, encontrada nas demais escolas da rede pública carioca e, suponho, de todo o país. Em geral, era preciso trabalhar com as alunas em salas de aula comuns, onde nem ao menos havia carteiras, apenas cadeiras de braço (as chamadas *carteiras universitárias*), que se constituíam, portanto, num espaço individual de trabalho muito reduzido para as atividades práticas. Para me adequar a tal situação, comecei a utilizar folhas para desenho em tamanho pequeno.

Assim, a folha A4 foi eleita como suporte básico para todos os exercícios, uma vez que, naquelas condições, era prática e funcional. A utilização desta folha trazia, ainda, uma segunda vantagem: o papel, mesmo já usado de um lado (com textos, por exemplo), podia ser reaproveitado para desenhar, se estivesse com o outro lado em branco. Isso a tornava duplamente adequada porque, além de ser compatível com as condições de tamanho do mobiliário, às quais me referi, também atendia ao baixo poder aquisitivo de algumas alunas, uma vez que se constituía em um material de baixo custo, pois a escola tinha muitas sobras desses papéis. E ainda havia o fato de seu aproveitamento ser "ecologicamente correto".

O papel em pequeno formato era também adequado ao tempo de aula disponível: um encontro semanal de 90 minutos (duas aulas geminadas de 45 minutos), o que permitia que cada exercício de desenho proposto fosse iniciado e concluído na mesma aula.

Além do mais, ainda que se possa reconhecer a importância do desenho feito em formatos maiores, que conviria a pessoas necessitando de expansão, ou àquelas mais confiantes na sua expressão gráfica, sabe-se o quanto o desenho, às vezes, amedronta as pessoas. Papéis de formato menor parecem oferecer mais confiança a quem se sente inseguro em relação ao desenho. Sendo assim, para todos os exercícios, naquela época, denominados "processos de *desestereotipização* dos desenhos", foi adotada a folha A4. Dessa forma, a maior superfície para os desenhos seria a daquela folha inteira, mas, na maioria deles, o papel podia ser dobrado ao meio, resultando em **dois** campos distintos para desenho ou, usado com duas dobras em forma de cruz, resultando em **quatro** campos ou, com mais uma dobra ainda, resultando em **oito** campos mais reduzidos para a expressão gráfica.

Na estruturação dos exercícios, procurei também estabelecer relações entre a complexidade dos desenhos pedidos e o tamanho do espaço determinado para realizá-los, sendo quase uma regra: quanto mais "complicado" parecesse o desenho ou, maior o número de desenhos pedidos em um mesmo exercício, menor seria o espaço para realizá-los. Além disso, à medida que as alunas iam ficando mais autoconfiantes, lhes era proposto utilizar espaços um pouco mais amplos, sendo o maior, como já vimos, o da folha inteira. Muitas vezes, também, a iniciativa de usar espaços maiores partia das próprias alunas, quando, mais seguras de seus traçados, sentiam necessidade de expandir-se graficamente.

Outro fator importante era a orientação do espaço destinado a cada desenho que, de certa forma, já estava preestabelecida, podendo ser vertical ou horizontal, conforme o desenho ou desenhos pedidos. As dobras solicitadas no papel já estabeleciam uma orientação prévia dos campos para os desenhos que, no entanto, poderia ser alterada pelo desenhador.

A seguir, serão detalhados os exercícios de desenho que concebi, com a narrativa de como foram criados e desenvolvidos desde o primeiro momento em que o seu conjunto passou a constituir o *Método de desestereotipização do desenho*[1], incluindo os acréscimos que, depois, o tornaram o *Método de transformação dos desenhos recebidos*. Este é composto de um "*kit* básico" de seis exercícios, sendo: dois indutivos, três sequenciais e um pessoal. Alguns desses exercícios podem, também, oferecer desdobramentos, e algumas dessas possibilidades estão indicadas nesta obra, especificando quando e como ocorreram. Além do mais, creio – e espero – que um leitor atento e interessado possa inventar/descobrir/criar ainda muitas outras maneiras de enriquecer o método.

---

1 Mais tarde, durante minha pesquisa de doutorado, os exercícios sofreram alguns acréscimos e tratamento gráfico-digital, tendo se constituído em material didático que possibilitaria a aplicação por outros *professores-que-formavam-professores* para a educação infantil e o ensino fundamental, sem a minha presença.

3.1
Desenhos indutivos

Denominados *desenhos a partir de formas iniciais dadas*, os dois primeiros exercícios aqui apresentados, foram concebidos e incorporados ao *Método de transformação dos desenhos recebidos*, depois que os demais exercícios (os sequenciais) já haviam sido largamente experimentados. Tendo um caráter indutivo, seu objetivo era verificar **os estereótipos que surgem ou não** nos desenhos realizados a partir de formas iniciais básicas, retiradas de imagens recebidas bastante conhecidas. Ambos os exercícios podem, assim, ser considerados mais como "instrumentos de sondagem" do que, propriamente, exercícios de transformação de desenhos, tanto pela indução de estereótipos quanto pela oportunidade que oferecem de buscar diferentes alternativas a estes mesmos estereótipos.

3.1.1
Desenhos indutivos a partir de formas iniciais dadas 1

No primeiro exercício, cada *aluna-já-professora* recebeu uma folha de tamanho A4, na qual haviam seis espaços retangulares delimitados, cada um contendo em seu centro a forma de duas linhas curvas (quase círculos), colocadas lado a lado, ambas com a parte aberta voltada para o centro ⊂⊃.

Lembro que, na minha infância, essa forma era muito utilizada para iniciar a representação de cabeças de animais a partir de seus focinhos e/ou bochechas.

Foi esta lembrança que originou o exercício, pois, com essa forma, pode-se construir diversos tipos de cabeças de animais que, em geral, ficam muito parecidos entre si, porque partem de um mesmo esquema inicial. Uma das *alunas-já-professoras* confirma este fato: "POR TER QUE SEGUIR UM DETERMINADO TRAÇO, OS DESENHOS FICAM COM ASPECTOS MUITO SEMELHANTES"[2]. Assim, para evitar a não identificação de algum dos animais, devido à possibilidade de ocorrerem grandes semelhanças entre os desenhos de uma mesma pessoa, foi pedido que as *alunas-já-professoras* nomeassem cada animal desenhado.

É preciso salientar também que, nas instruções do exercício estava escrito: "Não se preocupe com a quantidade, faça quantos souber e/ou conseguir", o que deve ter desobrigado as pessoas – esse era o objetivo – de realizar todos os seis desenhos pedidos. "FUI SÓ ATÉ ONDE ME LEMBREI".

Após a verificação das quantidades das representações, percebe-se que **coelho** foi o animal mais vezes representado: todas as alunas, sem exceção, representaram um coelho entre seus desenhos de animais, inclusive a que fez só um dos seis desenhos pedidos.

---

[2] Os depoimentos que ilustram este livro e, em especial, este capítulo, foram produzidos e/ou concedidos em situações de sala de aula e/ou de pesquisa. São aqui apresentados sem particularizá-los e/ou especificá-los, isto é, não se apresenta a identificação dos sujeitos, nem as datas da coleta das informações. A autora se utiliza deles de forma a corroborar as afirmativas que faz em seu texto, como se aqueles fossem uma extensão deste, como se outros dissessem o que ela mesma diria.

Figura 3.1 – A folha do exercício

Em segundo lugar apareceu **gato** e, em seguida, **cachorro**, este, portanto, o terceiro animal em número de vezes representado. Aqui talvez se possa depreender que, os animais domésticos, mais próximos ao homem, sejam os preferidos para as representações.

Seguem-se, com boa diferença para menos: **macacos**, **leões**, **vacas** e, depois, **porcos**, **ursos** e **onças**, entre outros.

Algumas representações só ocorreram uma vez, como por exemplo: **esquilo**, **foca**, **hipopótamo**, **javali** e **rato**.

Vimos, nas instruções do exercício, que os dois semicírculos iniciais, além de serem sugeridos como "focinho" de animais também o foram como "bochecha". Aliás, em alguns exemplos, notamos claramente que as formas iniciais foram consideradas como esta segunda possibilidade.

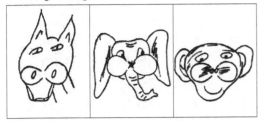

É interessante observar os elementos usados por uma mesma pessoa para diferenciar os animais por ela representados. Como as formas iniciais dadas eram as mesmas, geralmente, nesse tipo de desenho, o que diferencia um animal, desenhado por uma pessoa, de outro é somente um detalhe, por exemplo, "as orelhas:" **cachorro** e **coelho** de uma *aluna-já-professora* e **cachorro** e **gato** de outra.

No material obtido na pesquisa, verifica-se, entretanto, outros elementos diferenciadores: às vezes, além das "orelhas", temos também o "olho" como principal diferenciador como observamos nas figuras do **cachorro** e do **gato** a seguir. Em outras, o diferencial é "o formato da cabeça": **gato**, **coelho** e **urso**.

No conjunto dos desenhos obtidos, foram observadas algumas representações menos convencionais: **vaca** e **jacaré**, vistos de "três quartos", este último apresentando também uma de suas patas.

Por outro lado, algumas alunas ultrapassaram os limites do quadro destinado ao desenho: **cavalo** e **gato**; além de um caso ainda mais representativo de pensamento divergente: as formas iniciais dadas geraram somente a tromba do **elefante**; o restante da cabeça do animal apareceu em continuidade, no verso da folha do exercício.

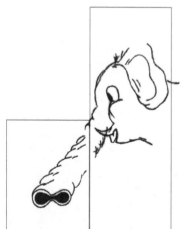

Há também o caso interessante de dois desenhos de uma mesma aluna, que opera uma rotação de 90º graus no quadro e considera os círculos iniciais **não** como focinhos nem bochechas, mas como "boca" dos animais, sendo, "lábios" ou "bicos" superior e inferior: **peixe** e **pato**.

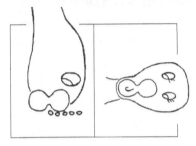

Temos, assim, exemplificadas, legítimas manifestações de pensamento criador:

> O pensamento criador [ou divergente] é inovador, exploratório, aventuroso. Impaciente ante a convenção é atraído pelo desconhecido e indeterminado. [...] o pensamento não criador (o termo não é desairoso) é cauteloso, metódico, conservador. Absorve o novo no já conhecido e prefere dilatar as categorias existentes a inventar novas. (Kneller, 1976, p. 19)

Entretanto, não devemos esquecer que o grupo de pesquisa, como vimos, era constituído de professoras de educação fundamental, pessoas "noviças"[3] em arte, como denomina o pesquisador francês Bernard Darras (1996, p. 26), portanto, sem nenhuma tendência ou formação artística especial e, por vezes, como costuma ser característico de um grupo como esse, pessoas possuidoras de uma acentuada autocrítica, conforme se percebe no relato de algumas alunas: "DEVIDO À MINHA POUCA HABILIDADE PARA O DESENHO, ACABO SEMPRE DESENHANDO IMAGENS INFANTIS DOS ANIMAIS"; "NÃO CONSIGO FAZER UMA IMAGEM PERFEITA DOS ANIMAIS"; "NÃO CONSEGUI ME CONCENTRAR E VISUALIZAR AS CARAS DOS ANIMAIS"; "TIVE DIFICULDADE EM MEMORIZAR OS BICHOS"; "NÃO SEI DESENHAR ANIMAIS E ELES FICARAM HORRÍVEIS"; "NÃO CONSIGO FAZER DESENHOS SEM TER MODELO: MINHA IMAGINAÇÃO FOGE".

---

[3] Para mais informações a respeito, ver a seguir, *Esclarecendo conceitos*.

Por outro lado, apesar das dificuldades apontadas, cerca de um terço das *alunas-já-professoras* apreciou ter participado da experiência: "INTERESSANTE E DESAFIADOR É IMAGINAR OS BICHOS E DESENHÁ-LOS DE MANEIRA NÃO CONVENCIONAL"; "É UM EXCELENTE EXERCÍCIO PARA A MEMÓRIA".

Algumas, ainda, completaram referindo-se aos seus alunos: "ACHEI A EXPERIÊNCIA ÓTIMA, POIS DÁ MUITO BEM PARA APLICARMOS A NOSSOS ALUNOS; ACHO QUE ATIVARIA A MEMÓRIA DELES"; "GOSTARIA DE APLICAR COM MEUS ALUNOS; COM CERTEZA FICARIA MUITO MELHOR, ELES SÃO MAIS CRIATIVOS"; "SE FOSSEM OS MEUS ALUNOS, IRIAM 'DAR UM BANHO'!".

Esclarecendo conceitos
Expert X Noviço

Segundo o pesquisador francês Darras (1996, p. 20-21, tradução nossa): "o termo *noviço*, em psicologia e em sociologia se opõe a *expert* [perito, conhecedor]; [...] em francês, [como em português] o termo *noviço* qualifica sujeitos inexperientes, donde sua justificada oposição a *expert*". E prossegue o autor, referindo-se ao desenho de adultos: "Nossos estudos permitem afirmar que perto de 95% da população adulta pertence a esta categoria [a dos noviços]. [...] Os 5% restantes se dividem em numerosas classes, que muitas vezes se superpõem. Os artistas, os pintores, os gráficos, os ilustradores, os fotógrafos e todos os profissionais das artes visuais são membros pertencentes à categoria dos *experts*".

O exercício das formas iniciais serve para comprovar a existência de uma importante característica dos desenhos recebidos: **as mesmas formas são usadas** (e parecem adequadas) **para muitas representações semelhantes**, possibilitando, assim, uma economia de recursos expressivos, levando à acomodação do desenhador.

Nessa linha de entendimento, podemos ressaltar os olhos representados em meia lua, com as pupilas inseridas no canto desta, que se ajustam a todas as representações, seja de bonecos ou de gente, seja dos animais, plantas ou objetos que se queira humanizar. Reitero, aqui, a afirmação de Roland Barthes a propósito do estereótipo das palavras, mas substituo *palavra* por *imagem*: "como se, por milagre, essa palavra [imagem] que retorna, fosse, a cada vez, adequada por razões diferentes [...]" (Barthes, 1977, p. 57).

Conhecendo as realidades
Ampliando o olhar, através do desenho de olhos

A propósito da constatação, que muito me incomodava, de que os olhos colocados nos desenhos são, em geral, **sempre os mesmos**, independente do que se esteja representando, um tempo depois de finalizada a tese de doutorado, decidi propor a um grupo de adolescentes a realização de um exercício específico para "atacar o problema" dos olhos estereotipados.

Seguindo a proposta de dobrar a folha A4 de modo a resultarem oito espaços, pedi que, no primeiro espaço, desenhassem um "olho estereotipado", o qual, via de regra, eles costumavam colocar em quase todos seus desenhos. Apareceram então, aqueles olhinhos que descrevi anteriormente.

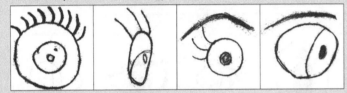

Exemplos de olhos estereotipados

Nos espaços seguintes, pedi que desenhassem: "um olho humano", depois um "olho de peixe" e em seguida um "de galinha".

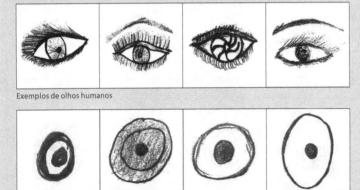

Exemplos de olhos humanos

Exemplos de olhos de peixe

Exemplos de olhos de galinha

Esses desenhos eram solicitados, um de cada vez, e sem que soubessem qual seria o pedido seguinte. Depois, solicitei ainda: "olho de cobra", "olho de gato", "olho de japonês" e, por fim, "olho de boneca".

Exemplos de olhos de cobra

Exemplos de olhos de gato

Exemplos de olhos de japonês

Exemplos de olhos de boneca

As transformações do recebido

Com estes exercícios, queria promover a seguinte reflexão:

Se todos os olhos são diferentes; se os olhos humanos diferem bastante entre si; se os das bonecas são diferentes dos olhos dos humanos e, ainda, se cada animal tem um tipo diferente de olho, por que, então, usamos sempre o mesmo tipo de olho para colocar em todos os desenhos, inclusive nos de flores, de árvores e/ou de outros objetos, coisas que, na realidade, nem têm olhos?

Para completar a reflexão, mostrei, ainda, duas composições de imagens: uma do artista Liberati e outra com representações fotográficas de olhos. A primeira, apresenta vários desenhos de olhos humanos em preto e branco, sendo alguns bem realistas e outros bastante estilizados, que aproveitei para exercícios de desenho.

Pedi que, considerando a folha A4 como um rosto, colassem um olho estilizado do Liberati no lugar que corresponderia ao do olho. Em seguida, que desenhassem, com lápis 6B, o outro olho, copiando-o, imitando os traços. Depois, que completassem o rosto, desenhando sempre **no mesmo estilo de traço**, o nariz, a boca, as orelhas, os cabelos, parte do pescoço e, se coubesse, até um início de roupa etc. Este exercício desenvolve sobremaneira o desenho, ao "forçar" o aluno a usar um traço que não é o seu e ter que criar formas com ele.

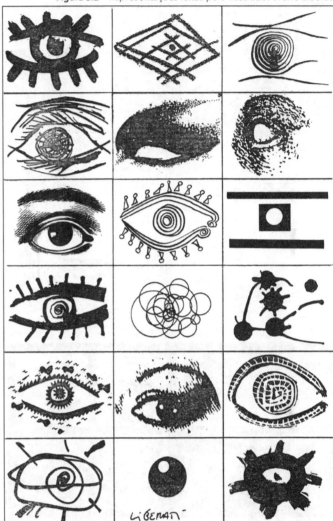

Figura 3.2 – Representações feitas pelo ilustrador Bruno Liberati

Figura 3.3 – Desenho de rosto a partir dos olhos representados por Liberati

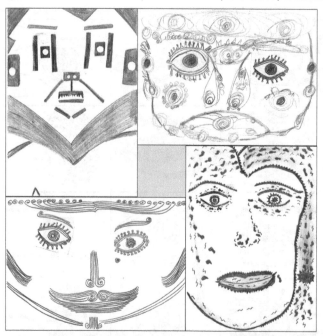

Figura 3.4 – Imagens fotográficas de olhos de animais em *close*

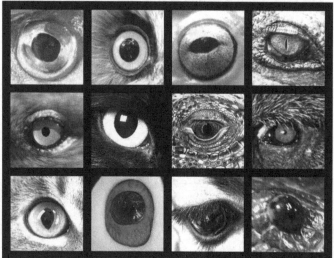

A segunda imagem traz diversas fotografias coloridas – em *close* – imagens, que mostram diferentes olhos de diferentes animais. Um exercício desafiador é tentar adivinhar de qual animal é cada olho.

Para trabalhar com as fotografias de olhos de animais, distribuí um olho de animal para cada aluno e solicitei que o colassem em uma folha de papel, dessa vez, em qualquer lugar. Pedi, então, que, a partir das "pistas" que se observam nas características de pele ou de pêlo que circundam os olhos, continuassem, desenhando a cabeça e o corpo do animal, usando lápis de cera. À medida que o desenho ia crescendo, e conforme a configuração do corpo de cada animal mostrava ser necessário, sugeri que mais folhas de papel fossem agregadas, para ampliar o suporte do desenho. Esse procedimento resultou em interessantes desenhos em papéis de formatos irregulares.

O conjunto das imagens de olhos de Liberati e os exemplos dos olhos de animais têm servido de material didático para reforçar a reflexão sobre desenhos de olhos e, também, para mobilizar exercícios conscientizadores de criação através do desenho.

Todos esses exercícios de desenho de olhos, e as reflexões deles resultantes, tinham o objetivo de tentar conseguir, de uma vez por todas, sepultar os consagrados "olhinhos estereotipados", colocados geralmente em todos os desenhos, por causa da forte "tendência antropomorfizante" das imagens recebidas escolares que todos nós carregamos, internalizadas.

3.1.2
Desenhos indutivos a partir de formas iniciais dadas 2

No segundo exercício, delimitei, na folha A4, nove espaços retangulares, nos quais reproduzi, por três vezes, outras três formas esquemáticas básicas, retiradas de alguns desenhos recebidos muito conhecidos:

⌒ – **meia coroa de círculo**, a forma inicial indutiva para o desenho do "elefantinho de costas";

∝ – o **"quase" oito deitado**, esquema básico para induzir a representação do "peixe";

8 – **dois círculos tangentes**, superpostos em forma de oito, estando o menor sobre o maior, forma inicial básica indutiva para o "gato de costas" ou o "boneco de neve".

As formas indutivas iniciais dadas de fato levaram a maioria das *alunas-já-professoras* a fazer "aquilo que estava sendo induzido". Assim, a forma inicial – ⌒ – induzindo "elefante" levou muitas alunas a fazer este animal de costas, sendo esta a representação mais adotada para a forma.

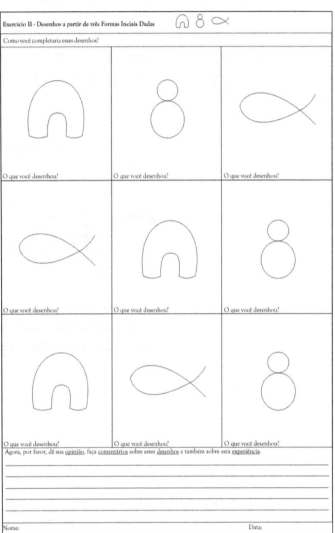

Figura 3.5 – Exercício II: Desenho a partir de três formas iniciais dadas

Desenhando com todos os lados do cérebro 101

Seguiram-se: **oca**, **túnel** e **iglu**, menos vezes representados.

Temos, depois, **casa**, **copa de árvore** e **ímã** e, ainda, aquelas associações que só apareceram uma vez, como: **sorvete**, **chapéu**, **alfinete de segurança**, **morro da favela**, **cabeleira**, **calça**, **elefante de lado**, entre outras.

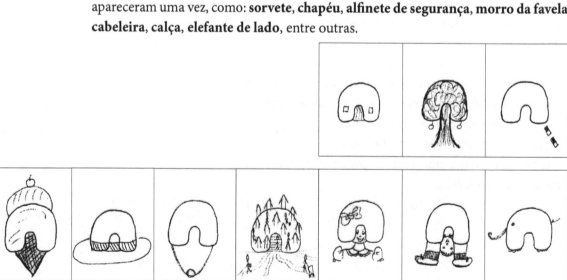

A forma indutiva – ◯✕ – "de peixe" foi representada em número de vezes superior ao de participantes do exercício. Isso se explica, pelo fato de que, ainda que apenas uma pessoa não tenha feito nenhuma vez o peixe, duas outras o fizeram duas e até três vezes na mesma folha.

Comparando com a quantidade de representações daquilo que foi induzido nas outras formas iniciais, esta foi a indução que obteve, podemos dizer, maior número de adesões.

"A IMAGINAÇÃO FICA COMPROMETIDA QUANDO SE TEM QUE PARTIR DE UMA FORMA BÁSICA, FAZENDO COM QUE A CRIATIVIDADE NÃO PASSE DO MAIS ÓBVIO E PRIMÁRIO." Esse fato talvez possa nos levar a deduzir que esta forma seja ainda mais pregnante que a do elefante de costas.

Como outras associações para esta forma, tivemos: **bala**, **cobra**, **corda**, **laço**, **olho**, **tampa de panela** e **abelha**, que ocorreram mais de uma vez.

Desenhando com todos os lados do cérebro

E ainda: **átomo, borda de xícara, cabeça de pato, cabelo, folha de flor, rosto de menina** e **sapatilha de balé**, que só ocorreram uma vez.

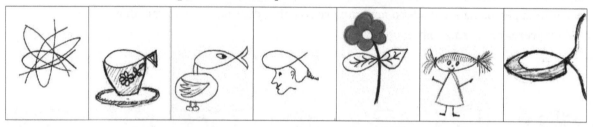

"AS FORMAS APRESENTADAS DÃO MARGEM PARA A GENTE EXPLORAR A CRIATIVIDADE E A NOSSA VI-VÊNCIA"

"ALGUMAS SE SENTEM MUITO À VONTADE PARA REALIZAR A TAREFA, CRIANDO COISAS LINDAS; PARA OUTRAS, O EXERCÍCIO ACABA CAINDO NO LUGAR-COMUM".

No caso da terceira forma proposta – 8 –, que induzia, ao mesmo tempo, tanto à representação do "boneco de neve" como a de "animais de costas" ou "de frente", verifica-se, igualmente, a maior incidência em **boneco de neve**, seguido de perto por **gato de frente**. Já **gato de costas** teve menos incidência, bem como as variações: **coelho de frente** e **coelho de costas**.

104   As transformações do recebido

Se nos detivermos nos dois grandes tipos de representação a que foram induzidas – boneco de neve e animais de costas ou de frente –, verificaremos que, em geral, as *alunas-já-professoras*, aqui, também caíram na "armadilha da indução", ou seja, fizeram o que era esperado.

"SÃO FORMAS SIMPLIFICADAS E HABITUAIS, UTILIZADAS PELOS QUE NÃO TÊM GRANDES HABILIDADES COM O DESENHO".

Para esta terceira forma inicial dada, temos ainda, como associações com maior incidência: **boneco**, **boneco de bolas** e **palhaço**.

As demais representações: **nariz** e **boca de palhaço**, **pintinho**, **pulseira**, **gravata** e **borboleta** só ocorreram uma vez.

"PUXA PELA BUSCA DE ASSOCIAÇÕES, QUANDO VOCÊ TENTA LEMBRAR COM O QUE A FORMA SE PARECE".

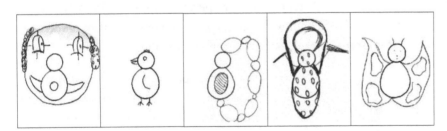

Numa comparação com as duas anteriores, esta terceira forma – 8 – foi a que provocou um maior número de associações.

45º graus

90º graus

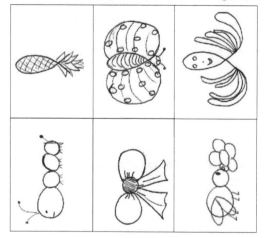

180º graus

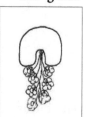

Em todo esse exercício com três formas iniciais dadas, a procura por outras associações que, nos desenhos da maioria das pesquisadas, só se constata a partir do **segundo** desenho com a **mesma** forma inicial dada, em alguns casos se traduziu, também, na busca de alternativas pela mudança de orientação do quadro em que estava inscrita a forma. Assim encontramos, dentre os 153 desenhos produzidos, casos em que foram realizadas rotações no plano do quadro, sendo estas de 45º, 90º e 180º graus, conforme podemos observar ao lado:

"ESTES DESENHOS ME OBRIGARAM A FAZER UM VERDADEIRO MALABARISMO COM MINHA CRIATIVIDADE PARA NÃO REPETIR AS IMPRESSÕES QUE OS PRIMEIROS DESENHOS TRAZEM".

Esta última manifestação pode estar ligada à flexibilidade figurativa espontânea, um dos onze fatores do pensamento divergente que, segundo Guilford, citado por Kneller (1976, p. 54, tradução nossa), é: "a tendência para perceber rápidas alternâncias em figuras visualmente percebidas". Corroborando esse fato, assim se expressaram algumas alunas:

"DÁ OPORTUNIDADE DE CADA UM SE EXPRESSAR REPETIDAS VEZES DE MANEIRAS DIFERENTES, OBRIGANDO A BUSCAR SOLUÇÕES ALTERNATIVAS PARA UM MESMO TEMA."

Esta rotação de 180 graus foi observada em apenas um caso, de longe, o exemplo mais ousado, tendo deixado o desenho, literalmente, de cabeça para baixo.

Outro aspecto interessante também se observa em algumas representações: a ultrapassagem dos limites do quadro, uma quase "sem cerimônia", invadindo o espaço de outro quadro. Algumas *alunas-já-professoras* lançaram mão desse artifício quando, as figuras, para serem representadas em toda a sua inteireza, necessitaram de maior espaço. Exemplos: **calça** e **olho**.

Em outros casos, ao contrário, quando faltou espaço para representar o desenho por inteiro, as figuras foram deixadas incompletas, isto é, cortadas pelos limites do quadro. Destes, temos dois exemplos assim resolvidos: **calça** e **boca**.

"GOSTARIA DE PODER FAZER MAIS VEZES ESTA ATIVIDADE, COM MAIS ESPAÇO NO PAPEL PARA CRIAR".

Outra característica que podemos constatar nas representações é a existência ou não de contextualização do representado. Assim, temos que, na maioria dos desenhos, verificou-se absoluta ausência de quaisquer traços que esboçassem alguma tentativa de contextualização.

Depois, podemos encontrar outra série de desenhos em que se observam certos traços, ainda que poucos e tímidos, evidenciando uma intenção de contextualizar a representação.

Esses casos se referem, por exemplo, à representação da "linha de base", às vezes, só um "risco horizontal" (**elefante** e **boneco de neve**), algumas vezes acompanhada de "gramas" e/ou "flores", casos do **coelho** e **cogumelo,** ou ainda de uma espécie de pintura com o mesmo instrumento usado no desenho, conferindo uma textura no "solo", por exemplo, **flor**.

Em muitos outros casos, nota-se a inclusão de outros elementos para contextualizar, como: "árvores", "galho" e "folhas" nas figuras da **oca** e do **passarinho**. No caso da representação de **peixes**, pequenos traços curvos representando a "água", "borbulhas"

de respiração e ainda um "anzol". Nos desenhos do **boneco de neve**, verificamos a inclusão da "neve caindo" e, na **igreja**, tem-se a colocação de um "casal de noivos" diante dela. Este último desenho talvez tenha sido um dos únicos casos emblemáticos de representação de uma "cena completa".

"SENTI DIFICULDADE EM IDEALIZAR AS FIGURAS PELO FATO DE TER QUE FAZER TRÊS DESENHOS DIFERENTES A PARTIR DE UMA MESMA FORMA; AO FINAL, PUDE CONSTATAR QUE PODERIA TER FEITO ATÉ OUTROS COMPLEMENTOS E CRIADO OUTRAS FIGURAS".

Aliás, tem-se a impressão de que a maioria dos elementos "a mais" colocados nos desenhos tem a única função de intensificar o representado, para facilitar o seu reconhecimento, como se a representação em si não tivesse conseguido ser clara o suficiente ou mesmo para não deixar espaço a nenhuma ambiguidade na sua identificação. "SUPER INTERESSANTE O DESAFIO DE IMAGINAR E CRIAR POSSIBILIDADES INFINITAS, FUGINDO AOS MODELOS EXISTENTES".

Esse exercício, tanto quanto o anterior, também induzia à representação de estereótipos; no entanto, como cada forma era repetida por três vezes, a impressão que se tem é que, geralmente, já no segundo desenho da mesma forma, as pessoas sentiam que "deviam mudar" e tentar outras representações: "CADA VEZ QUE O DESENHO SE REPETE É MAIS UM DESAFIO À CRIATIVIDADE; A PRINCÍPIO TEM-SE A IMPRESSÃO QUE NÃO SAIRÁ NADA".

No grupo pesquisado, como vimos, só uma *aluna-já-professora* fez três peixes e uma outra fez dois, aliás, muito semelhantes entre si. "DETERMINADAS FORMAS SÃO FÁCEIS, SUGESTIVAS, MAS FAZER DIFERENTES DESENHOS DE UMA MESMA FORMA TORNOU-SE MAIS DIFÍCIL". "POR SEREM OS MESMOS RISCOS INICIAIS, A CRIATIVIDADE FICA COMPROMETIDA, ESGOTADA". Entretanto, ninguém fez três "elefantes" ou três "gatos" de costas e/ou três "bonecos de neve". Com base nesse fato, talvez possamos afirmar que as pessoas que fizeram três ou dois peixes, tenham uma tendência maior ao "pensamento convergente", porque, como afirma Kneller (1976, p. 52): "O pensamento convergente implica uma única solução correta, ao passo que o divergente pode produzir uma gama de soluções apropriadas".

Embora não tenha sido objeto de controle, porque não foi observado no momento da realização dos exercícios, há outro aspecto que chama a atenção: realizando a leitura das imagens à maneira ocidental, ou seja, **da esquerda para a direita** e **de cima para baixo**, parece que, via de regra, na primeira vez em que se deparavam com a forma inicial dada, em geral, as *alunas-já-professoras* representavam aquilo que estava sendo induzido, dando impressão de que, **só a partir do segundo desenho** com a mesma forma, começavam a fazer outras associações, buscando novas possibilidades de representação: "NO INÍCIO SÓ PENSAVA EM PEIXES, GATOS, CASA DE ÍNDIO; MAS AOS POUCOS FUI PERCEBENDO OUTRAS FORMAS". Como se, inicialmente fossem movidas pelo mais fácil, pelo mais automático, por aquilo que não necessitavam pensar, agindo, assim, por puro automatismo e comodismo: "OS PRIMEIROS SÃO AUTOMÁTICOS, PORÉM, OS OUTROS, ACHO QUE JÁ SÃO MAIS EXPRESSIVOS".

Essa primeira representação, dentro daquilo que estava sendo induzido, pode ter sido uma "espécie de aquecimento", antes de partir para representações mais elaboradas. Entre os adultos, talvez ocorra o mesmo fenômeno que Luquet (1969, p. 26) afirma ocorrer entre crianças:

> Numa porção de crianças, os seus primeiros desenhos pretendem reproduzir os mesmos motivos de desenhos anteriores dos seus pais, muitas vezes pedidos pela própria criança. Mais tarde e em todas as idades, do mesmo modo, numa grande variedade de crianças, encontram-se numerosos desenhos sugeridos por outros desenhos, que são executados em sua presença por irmãos, irmãs ou pequenos colegas.

Esses primeiros desenhos encontrados nas representações induzidas, como já tive ocasião de observar, de fato, costumam ser "ensinados" pelos pais, irmãos e colegas.

Para finalizar, utilizo frases de teor conclusivo, expressas pelas *alunas-já-professoras* ao final dos exercícios:

"ISSO VEIO MOSTRAR O QUANTO OLHO E NÃO VEJO; FOI DIFÍCIL LEMBRAR OUTRAS FORMAS QUE CON-
TIVESSEM ESTES RISCOS";

"DÁ MARGEM A DIVERSOS DESENHOS, EMBORA O FATO DE SEREM REPETIDOS AUMENTE UM POUCO A
DIFICULDADE EM SE CRIAR";

"APÓS OBSERVARMOS OS TRABALHOS DAS OUTRAS COLEGAS PERCEBEMOS QUANTAS COISAS DIFEREN-
TES APARECEM A PARTIR DE UMA MESMA FORMA INICIAL";

"ESTA EXPERIÊNCIA MOSTRA COMO PODE SER CASTRADOR E INIBIDOR DA CRIATIVIDADE O TIPO DE
DESENHO QUE É COMUMENTE USADO EM NOSSAS ESCOLAS, HOJE E ONTEM, POIS SÃO OS MESMOS
QUE VIVENCIEI EM MINHA INFÂNCIA".

3.2
Desenhos sequenciais

Os demais exercícios de *Transformação dos desenhos recebidos* que se seguem (inicialmente chamados de *desestereotipização* e estruturados a partir de 1985) consistem
numa variação de uma técnica bastante usada na linguagem dos filmes de animação,
que é a seguinte: a partir de uma forma dada, através de sucessivos desenhos, nos
quais vão sendo realizadas pequenas mudanças nos traçados, procura-se chegar a
outra forma, a outro objeto, ocorrendo, portanto, uma "transmutação da forma".

No caso da transformação dos desenhos recebidos, o método apresenta uma diferença fundamental: o objetivo é modificar a **mesma forma**, através de várias tentativas
de representação, de maneira a torná-la mais pessoal, criativa, mas **não** transformá-la
em **outra coisa**. Assim, a forma escolhida para ser transformada (desestereotipizada)
começa e termina sendo aquilo que **sempre foi**.

Por outro lado, tais exercícios nada têm de extraordinário, pois, para formulá-los,
tomei emprestado alguns dos procedimentos já consagrados no ensino das artes visuais. Minha contribuição foi a de agrupar e, principalmente, sequenciar essas propostas

práticas, transformando-as em exercícios que me pareceram adequados para abordar alguns aspectos mais evidentes dos desenhos recebidos: mecanicidade, automatismo dos traços, esquematização e simplificação da forma, além de tantos outros artifícios usados para facilitar o desenho, denotando ausência de observação e imaginação, camuflando dificuldades de representação e levando à acomodação do desenhador.

Se comparados a outros exercícios que são frequentemente utilizados por professores de arte, às vezes, inclusive, com a mesma intenção de escapar ao comum e aos esquemas, a novidade que estes exercícios apresentam reside na sua organização numa sequência, que tem o objetivo de transformar um estereótipo em um não estereótipo, ou um desenho recebido em um desenho pessoal.

Não se trata, aqui, de evitar que os estereótipos apareçam na expressão gráfico-plástica dos professores (há procedimentos que pretendem e mesmo conseguem isso), nem de ignorá-los ou dotá-los de novas roupagens. Trata-se, ao contrário, de enfrentá-los, realizando ações concretas sobre eles, para transformá-los, distanciando-os da mesmice e da cristalização que trazem em si.

3.2.1
Desenhos sequenciais 1: flores

Para a realização desse exercício, comecei pedindo às alunas que, na metade de uma folha A4, desenhassem uma flor. Notei que o desenho se fez rapidamente e sem nenhuma dificuldade. Recolhi os desenhos para expô-los num mural. Depois, na outra metade da folha, pedi que inventassem (e desenhassem) uma flor fantástica, inexistente no mundo real. Novamente recolhi as "segundas flores" e as coloquei no mural, todas juntas, mas separadas do primeiro conjunto.

Após a solicitação ao grupo para que se aproximassem dos trabalhos expostos e fizessem uma observação atenta de todos eles, formulei oralmente algumas perguntas que focavam o olhar e levavam à reflexão, tais como: *O que se pode ver no conjunto das primeiras flores? O que se pode ver no conjunto das segundas flores? Quais as diferenças mais evidentes entre os dois conjuntos? Qual das flores foi mais difícil de fazer, a primeira ou a segunda? Qual a mais rápida de fazer? Qual despertou mais interesse? Qual exigiu mais envolvimento?*

A primeira flor foi considerada, pela maioria, muito mais fácil de fazer, por já ser conhecida, sempre a mesma, mecânica, automática, sendo que, no conjunto, essas flores eram todas muito parecidas entre si, quase iguais. A variação que havia entre elas era mínima. Já a segunda flor desenhada, apesar de mais demorada, trabalhosa, era a que apresentava mais variedade, despertava maior interesse, mais envolvimento e, nas outras pessoas, mais curiosidade.

Enquanto que, pelas primeiras flores, quase ninguém se interessou, em relação às segundas, todas queriam ver o que as colegas haviam inventado. Assim, já pude confirmar algumas características dos desenhos estereotipados: todos muito parecidos, muito simplificados, feitos sem dificuldade, de forma esquemática, rápida e mecânica.

Dessa forma, ficou evidenciado que, no primeiro conjunto, viam-se flores **padronizadas**, derivadas quase todas de um **mesmo esquema**: um miolo central, em geral desenhado com a cor amarela; pétalas desenhadas em volta do miolo nas cores vermelho ou rosa; um caule e uma folhinha verde.

Por outro lado, no segundo conjunto, o das flores inventadas, via-se uma grande variedade de formas, cores e texturas[4], estes dois últimos, elementos "inéditos" nos desenhos. Digo inéditos porque, os desenhos estereotipados escolares, como já vimos, em geral, são realizados apenas com linhas de contorno feitas em cor; poucas vezes se observa nas formas algum preenchimento de colorido ou de textura.

---

4 Para apreciação do colorido desses desenhos, ver o encarte em cores deste livro.

Disponível no encarte em cores.

Esta tendência ao "desenho de contorno" na imageria escolar, segundo Barbosa (1982), é uma deturpação das ideias de Louise Arthus Perrelet (1867-1946), uma professora suíça que veio ao Brasil, em 1929, para organizar o ensino público em Minas Gerais:

> a reforma [educacional] de 1931, foi a base para que se defendesse a técnica desastrosa do **desenho pedagógico** que dava ênfase na orientação baseada na simplificação da forma que, segundo Perrelet, era apenas o resultado de um rico processo de percepção. O desenho pedagógico dos anos 30 e 40 levava o aluno a copiar formas simplificadas de objetos desenhados pelo professor. (Barbosa, 1982, p. 88, grifo nosso)

Assim, ao contrário do desenho das flores inventadas, o primeiro desenho de flor das *alunas-já-professoras* reproduzia, como vimos, a simplificação das formas, traçadas somente pelos seus contornos esquemáticos, com linhas em cor, formas provavelmente aprendidas por seus professores na disciplina Desenho Pedagógico e repassadas às *alunas-futuras-professoras*.

Tempos depois, esses dois exercícios de desenhar flores receberam o acréscimo de um outro, como descrito no quadro *Conhecendo realidades*, a seguir.

Conhecendo realidades
As flores de Friburgo

Numa ocasião em que fui ministrar um curso para professores na cidade de Friburgo, no norte fluminense, era primavera e, ao chegar pela manhã naquela cidade, vinda do Rio de Janeiro, reparei que ela estava toda florida, com variadas e belíssimas espécies de flores nas ruas e praças. Depois de uma manhã em que trabalhamos o "exercício flor" tal como havia sido concebido inicialmente, conversando sobre as flores da cidade, pedi às professoras que prestassem atenção nelas no caminho de volta para casa e que, no outro dia, me trouxessem as informações.

Na aula seguinte retomei o tema, pedindo que listassem, por escrito, as flores que tinham visto e/ou conheciam em Friburgo; depois pedi para representarem algumas delas. Em face da riqueza das representações que surgiram, a questão que se colocou para reflexão foi a seguinte: **por quê, quando se pede para desenhar uma flor, ninguém se lembra de representar nenhuma das flores que se tem na natureza e que estão, muitas vezes (como em Friburgo) ao alcance dos olhos?**

Disponível no encarte em cores.

Segundo Wilson e Wilson (citados por Barbosa, 1982, p. 66):
"estas percepções feitas sem a intenção de desenhar não são de uso particular para programas de fazer desenho, simplesmente porque são muito numerosas, complexas e gerais, e também, particularmente, porque são muito vagas para que possam fornecer imagens mentais definidas a partir das quais se possa desenhar".

Esta foi a origem do exercício incorporado ao primeiro bloco dos desenhos sequenciais do *Método de transformação dos desenhos recebidos*, sobre o qual discorro a seguir.

Resumo da proposta do desenho sequencial 1: flores

Desenhar uma flor, e depois inventar (e desenhar) uma flor fantástica, inexistente no mundo real; em seguida, listar por escrito o nome de 20 flores conhecidas da natureza e, depois, escolher oito delas para representar, identificando-as pelos nomes correspondentes.

Flores espontâneas

Em atendimento à solicitação: "Desenhe uma flor e depois escreva embaixo o nome da flor que você desenhou", verificou-se que, neste primeiro momento, **margarida**[5] foi a flor mais representada, seguida da **rosa**, da **azaleia** e depois do **bem-me-quer** (esta, uma variação de margarida, aumentado ainda mais o número de margaridas representadas e confirmando uma provável preferência maciça por esta espécie). As demais representações obtidas: **cravo**, **flor-do-campo**, **flor-do-mato**, **girassol**, **trevo-de-quatro-folhas** (que, na verdade, nem é flor), **violeta** e **margaridinha** (novamente, aqui, margarida, em outra variação), ocorreram apenas uma vez.

Nesse primeiro momento verificou-se que todas as *alunas-já-professoras* desenharam uma flor esquemática, que não pode ser confundida com outro vegetal nem com nenhum outro objeto. O caule não é um galho, é um caule mesmo.

Como nas representações destas primeiras flores espontâneas, quase todas têm a mesma estrutura, embora configurações um pouco diversas, podemos dizer que a nomeação preferencial de *margarida*, ou assemelhadas, deve-se mais a uma "fórmula-margarida" (Darras, 1996, p. 118, tradução nossa), do que à representação intencionalmente "fotográfica" de margaridas.

Dentre as primeiras flores, podemos ver ainda, na sequência, que algumas poucas foram representadas como se estivessem plantadas, apresentando uma linha de base,

---

[5] Em toda esta análise dos desenhos de flor, atenho-me ao nome da flor atribuído e escrito abaixo da representação pelas suas próprias autoras. No entanto, destaco que, nem sempre, o nome dado corresponde, de fato, à representação da flor nomeada tal qual a percebemos.

Disponível no encarte em cores.

e/ou rudimentos do que seria um solo com grama: **bem-me-quer** e **flor-do-mato**, estas, portanto, tímidas tentativas de inserir as flores em um contexto.

Porém, a maioria dá a impressão de ter sido colhida, e algumas reforçam essa impressão por apresentarem, no término do caule, uma finalização em diagonal, própria das flores quando são cortadas.

As representações das demais flores espontâneas seguem, em geral, o mesmo padrão de representação encontrado para **margarida** ou "fórmula margarida": miolo central, pétalas ao redor, em vista de topo, e caule, em vista lateral, com uma ou duas folhas.

Entretanto, o que se verifica como diferente nas demais flores representadas é, principalmente, uma modificação no "formato das pétalas": enquanto que, na representação das margaridas, as pétalas têm, em geral, as pontas "arredondadas", em algumas dessas outras flores, as pontas são igualmente arredondadas, mas apresentam ondulações e sinuosidades; casos de **azaleia**, **bem-me-quer**, **flor-do-campo**, **violeta** e **trevo-de-quatro-folhas**.

Disponível no encarte em cores.

Temos ainda, na amostra, três exemplos de flores representadas com pétalas pontiagudas: **girassol**, **cravo** e **margaridinha**.

Disponível no encarte em cores.

116 As transformações do recebido

Em relação às pétalas, as exceções ficam por conta das representações da **rosa**, a única flor representada também em botão e em outros "estágios de abertura". Enquanto as rosas ainda "em botão" ou semiabertas são totalmente representadas em "vista lateral", só a "rosa aberta" é representada em "vista de topo'", como as demais flores. Nesta, as "pétalas" da rosa não são justapostas como as das outras flores, mas são representadas sobrepostas, imbricadas umas às outras, como, de fato, verificamos serem estas flores na natureza.

Além do mais, todas as representações de **rosa** são feitas na cor vermelha, sendo esta a única flor que detém, nas suas diferentes representações, unanimidade de cor. Na representação das **margaridas**, por exemplo, encontramos uma predominância da cor amarela, mas houve também representações em outras cores.

Devido à grande semelhança que apresentam as representações de flor quando do pedido: "desenhe uma flor", considera-se que estas devem ter sido feitas com os "automatismos de procedimentos" usados pelas *alunas-já-professoras*, dos quais fala Darras (1996, p. 125, tradução nossa):

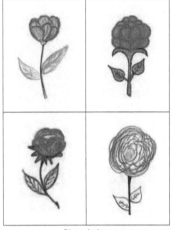

Disponível no encarte em cores.

> existem módulos ou unidades cerebrais de tratamento automatizado. Estes módulos criam e mantêm sequências padronizadas e congeladas que se caracterizam pelas seguintes qualidades: ausência de controle voluntário [do gesto], irreprimibilidade [também do gesto], rapidez de resposta, eficácia, rigidez [do traçado] e inflexibilidade [da linha]. A vantagem destes automatismos é de reduzir o custo e a carga mental, permitindo uma economia do trabalho mental, e autorizando a reutilização de condutas já experimentadas. Por esta razão, eles favorecem a rapidez da resposta, a habilidade e a audácia, em detrimento da busca de variedade. Assim, eles prejudicam a reflexão sobre a diversidade de ações possíveis para resolver um problema, e mais ainda, eles podem mascarar os problemas, resolvendo-os por condutas já prontas.

Flores inventadas

Para a análise dos resultados da proposta: "Invente uma flor, atribua a ela um nome e justifique", foi necessário proceder a uma classificação, suscitada pela configuração que as flores inventadas apresentavam. Para tanto, estabeleci as seguintes categorias: **esquemáticas, estilizadas, lateralizadas, geometrizadas, antropomorfizadas** e **aquáticas**. Na sequência, detalho cada uma delas.

Esquemáticas – são flores que seguem o esquema recebido: flor em vista aérea (topo), pétalas em volta de miolo redondo e caule e folha(s) em vista lateral. Creio caber aqui a observação de que é muito comum termos estes dois tipos de ponto de vista conflitantes na representação de uma mesma flor: visão de topo para miolo e pétalas (a flor propriamente dita) e visão lateral para caules e folhas.

Disponível no encarte em cores.

Estas flores esquemáticas, ainda que também reproduzam o esquema, apresentam alguns poucos elementos de variação, sendo a ênfase na **mudança das cores tradicionais** do esquema. Assim temos *Negritude*, "PELA COR PRETA DAS PÉTALAS", *Gofrélia* com caule rosa, miolo vermelho, azul e verde, e pétalas sobrepostas em amarelo e roxo e *Fortuna*, pintada de amarelo "PORQUE ELA É DOURADA". Temos ainda como flores inventadas: *Vai que é mole* que, embora seguindo o primeiro esquema, se multiplica em outras flores, ainda assim, esquemáticas e, a flor denominada por sua autora de *Diferente*, que, curiosamente é uma das que mais reproduz o esquema. "ALGUMAS SÃO BASTANTE COMUNS, APESAR DO PEDIDO DE FLORES QUE NÃO EXISTISSEM".

As flores denominadas de *Amor-de-primavera* e de *Mar-do-Egeu* são também flores esquemáticas, mas apresentam outro esquema recebido: o da flor fechada, representada em vista lateral, a "fórmula-tulipa" (Darras, 1996, p. 118, tradução nossa). *Amor-de-primavera* segue exatamente este esquema recebido, inclusive na cor, enquanto que *Mar-do-Egeu*, como uma flor que ainda não abriu, apresenta apenas uma mudança nas cores: caule e folhas na cor rosa e pétalas azuis.

Disponível no encarte em cores.

Estilizadas – são flores que, embora reproduzindo o esquema recebido, são representadas com linhas, formas e texturas diversas, em múltiplas cores e, muitas vezes, apresentando algumas variações: por exemplo, mudança do lugar das folhas (próximas às pétalas) como encontramos em *Arco-íris* e *Psicodélica* e um modelo recebido de flor todo desenhado com corações (também recebidos), esta mantendo, além do esquema de representação, também as cores recebidas: amarelo para o miolo, vermelho para as pétalas e verde para as folhas, caso da flor denominada *Amor-demais*.

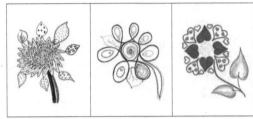
Disponível no encarte em cores.

Lateralizadas – são flores representadas inteiramente em visão lateral (pétalas e caule), sem se afastar muito do esquema de flores recebidas, próximas da "fórmula tulipa", porém um pouco mais estilizadas: *Papa-tudo* com suas pétalas azuis, transgride o esquema de cores recebidas; *Penugem* e *Solitária*, ambas menos estilizadas que a primeira, mantêm o referido esquema.

Disponível no encarte em cores.

Geometrizadas – são flores que têm seus elementos representados por figuras geométricas, principalmente as pétalas, que são substituídas, em geral, por triângulos e os miolos substituídos por quadrado, pentágono ou hexágonos. Ainda que as flores, em sua parte superior, possam ser

Disponível no encarte em cores.

geometrizadas, os caules têm aparência bem realista: *Amor desesperado*. Ou um aspecto um pouco mais estilizado ou geometrizado: *Amor estrelado*, *Catavento* e, especialmente, *Margapipa* (uma alusão a margarida!). No entanto, o esquema: miolo no centro, pétalas em volta, em visão de topo e caule em visão lateral, persiste.

Disponível no encarte em cores.

Antropomorfizadas – são flores que apresentam características humanas em suas representações e também em seus sentimentos (registrados por escrito pelas autoras quando do pedido de justificar os nomes atribuídos), ainda que, em geral, estas também reproduzam representações esquemáticas recebidas. Assim temos, no lugar do miolo, um "rosto": *Trefelicirosa*, ou apenas uma "boca": *Flor-da-vida*, na qual as folhas são mãos. No terceiro exemplo desta categoria, temos uma flor que escapa à "fórmula-margarida", mas apresenta outra: a "fórmula-tulipa", sendo esta a cabeça de uma pessoa que chora, galhos como braços, pés como raízes (um deles sendo arrancado), e seu nome *Tristeza* que personifica um sentimento humano em analogia com a depredação da natureza, conforme expressou sua autora: "COMO TODA A NATUREZA ESTÁ SENDO DEPREDADA, EXPRESSA MEU SENTIMENTO COM O QUE ACONTECE COM O 'VERDE' EM NOSSO MUNDO".

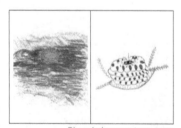

Disponível no encarte em cores.

Aquáticas – a principal característica destas flores é a representação basicamente feita **sem caule**, em visão aérea ou lateral, cujos nomes fazem alusão ao mar, por exemplo: *Crisântemo-do-mar* colocado em um contexto não usual, o mar "PORQUE É NASCIDO NO MAR: A IDEIA DE MAR ME DÁ A SENSAÇÃO DE FLUTUAR" e *Flor Marinha*, representação pouco realista, e bastante inusitada, de uma flor.

Apesar da classificação adotada, somos forçados a reconhecer que, praticamente, todas as flores ditas *inventadas*, ainda que com razoável quantidade de variações de formas, cores e texturas são, em geral, flores que não escapam ao esquema representativo de flor.

Surge, assim, a necessidade de esclarecer, aqui, o que se entende por esquema. Widlöcker (1971, p. 50-51), citando Luquet, afirma que, entre quatro e doze anos, o desenho infantil desenvolve-se segundo leis que parecem constantes: "essas leis caracterizam-se pelo pouco caso que fazem dos dados perceptivos [...] da aparência visual; [...] a criança guarda apenas o que lhe permite reconhecer o objeto. [...] a diversidade de pontos de vista não somente não é evitada, mas é, em certos casos, sistematicamente utilizada."

E continua Widlöcker (1971, p. 51-53) sobre o esquematismo no desenho:

> O objeto é figurado de modo a poder ser reconhecido [...] A preocupação não é representar as coisas tais quais são elas, mas figurá-las de modo que as possamos identificar. Todos os artifícios utilizados (a exemplaridade dos pormenores, a multiplicidade dos pontos de vista, etc.) visam este objetivo de representatividade. [...] Acumulando minúcias em detrimento da verossimilhança visual, a criança não acentua o realismo do desenho; pelo contrário, aumenta o que poderíamos chamar de quantidade das informações que o desenho contém.

Assim, por analogia com o desenho da criança, ambos os tipos de desenhos de flor – as espontâneas e as inventadas – obtidos das *alunas-já-professoras*, sendo, portanto, desenhos de adultos noviços, parecem manifestar as mesmas preocupações de exemplaridade e de proporcionar o reconhecimento imediato que tem a criança. Para tanto, reproduzem esquematismos gráficos, tais como a diversidade de pontos de vista (flor vista de topo e caule em vista lateral) e de cor, mesmo nas flores inventadas. Parece que, ao inventarem novas formas, modificarem cores, ainda assim, não se sentiram seguras para modificar o esquema-flor: só as folhas foram objeto de deslocamentos em alguns desenhos, como vimos; talvez por terem sido consideradas "elementos periféricos", não comprometedores do esquema.

Flores da natureza

Inicialmente, verifica-se que, em atendimento ao pedido de "enumerar por escrito flores da natureza que conhecessem", entre as mais citadas aparece novamente a **margarida**, que pode ser considerada como uma das flores mais representativas do esquema, como se ela própria o tivesse originado, sendo, portanto, um "modelo de exemplaridade". Não deve ser por coincidência que é a mais citada, seguida de perto pela **dália** e pela **rosa**, sendo a primeira outro provável exemplo de flor que, tal qual a **margarida**, representa ou origina o esquema. Temos ainda, entre as mais citadas, o **cravo**, logo depois a **orquídea** e a **violeta**, a **azaleia** e o **lírio**, seguidas do **crisântemo** e do **girassol**.

Disponível no encarte em cores.

Pode-se, novamente, observar que, nem sempre, aquilo que foi chamado de *margarida* se parece, de fato, com uma margarida. Na maioria das vezes, reproduz uma "fórmula-margarida", como vimos em Darras. É o próprio Darras (1996, p. 113, tradução e grifo nossos) quem complementa: "De sua experiência com flores, a criança [e o adulto] constituiu uma **compressão** cujas características estão disponíveis para a representação, a descrição ou o desenho. Para fazer isso, ela negligencia a variedade de elementos do sistema floral e só retém o miolo e as pétalas".

Ao se solicitar em seguida: "Entre as flores da natureza listadas, desenhe as que achar mais interessantes, pelas formas, cores, texturas etc.", tal qual no exercício anterior (de inventar uma flor), tinha-se, igualmente, como objetivo principal levar as alunas a abandonarem os "cristalizados esquemas" de representação.

No geral, observa-se que, na representação dessas flores, ainda que nem sempre totalmente atingida, houve uma maior preocupação com a verossimilhança de formas e cores do que nas representações do exercício anterior. Em comparação com aquelas, podemos apreciar que estas ficaram mais realistas, caso da **rosa**, do **cravo**, do **amor-perfeito**, da **margarida**, do **girassol**, da **tulipa**, do **copo-de-leite** e da **hortência**.

Outra coisa que chama atenção é que, nesses desenhos de flores da natureza, apareceram flores representadas em conjunto, isto é, não apenas a flor em um único exemplar, mas também a encontramos acompanhada de outras flores da mesma espécie. Esse fenômeno de representação de "flores em conjunto" merece destaque porque dificilmente encontramos, nas flores estereotipadas ou recebidas, a representação de mais de uma flor em um mesmo desenho, o que, de fato, "contraria" a natureza.

A flor **violeta** foi uma das que mais originou representações "de conjunto", mas, além dela, também as encontramos na **onze-horas**, **palma**, **miosótis**, **gerânio**, **antúrio**, **petúnia** e **estrelitza**, que, assim, afastam-se completamente do esquema recebido. Nos demais desenhos, em geral, repetiu-se a representação de uma só flor, isolada, como é comum nos estereótipos de flor.

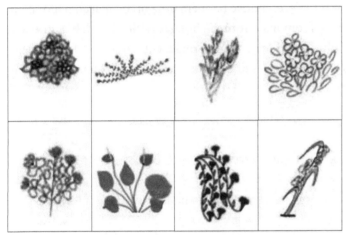

Disponível no encarte em cores.

Por outro lado, em toda a amostra, além das representações de **violetas** plantadas em vasinhos como as vemos nas casas das pessoas, temos apenas outras duas representações contextualizadas: uma **rosa presa a uma roseira** e uma **orquídea presa a um tronco de árvore**.

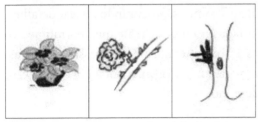

Disponível no encarte em cores.

Desenhando com todos os lados do cérebro

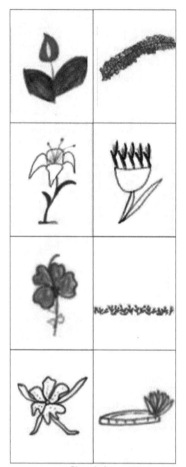

Disponível no encarte em cores.

Quanto à cor, notamos que o violeta é predominante nas representações das flores que têm o mesmo nome, talvez porque tenha sido esta flor que originou o nome da cor. Temos também a cor amarela, predominando tanto nas margaridas como nos girassóis. Nas representações das rosas, o vermelho é a cor predominante, mas também a própria cor rosa (aqui, novamente, o nome da flor originando o nome da cor). Nas demais representações, temos cores diversas, ora predominando, ora apresentadas em poucos exemplos[6].

Como era para desenhar oito flores, houve também uma preocupação maior com a representação de flores menos comuns – **antúrio**, **bougainville**, **flor-de-liz**, **gravatá**, **hibisco**, **maria-sem-vergonha**, **orquídea** e **vitória-régia**, entre outras –, fruto, quem sabe, do pedido feito após a enumeração por escrito e a sugestão de que escolhessem **as mais interessantes** para representar em desenho:

> "SENTI DIFICULDADE PORQUE NÃO ME LEMBRAVA DE ALGUNS NOMES, DE ALGUMAS FORMAS, DE ALGUMAS CORES";
>
> "APESAR DE GOSTAR E SABER QUE EXISTE UM GRANDE UNIVERSO DE FLORES, PERCEBI QUE NÃO AS CONHEÇO MUITO BEM";
>
> "QUASE NÃO TENHO CONTATO COM FLORES E FIQUEI MUITO EM DÚVIDA AO TER QUE REPRESENTÁ-LAS".

Parece estar confirmada, assim, a pertinência da solicitação da enumeração das flores antes de desenhá-las. Também o expediente de pedir um número bastante elevado para a listagem das flores da natureza (20), ainda que nem sempre atingido por todas as *alunas-já-professoras*, parece ter sido eficiente na ativação da memória visual do grupo. As representações apresentam resultados surpreendentes de abandono de esquemas recebidos, de busca de formas menos comuns, procurando revelar detalhes que devem ser fruto de observações guardadas no inconsciente que, no momento solicitado, afloram e se manifestam no desenho. Isso confirma o que assinala Darras (1996, p. 107, tradução nossa): "a convocação de uma imagem mental por solicitação, é suscetível de modificar o resultado do desenho".

---

6 Para apreciar o colorido dessas representações, ver o encarte em cor, no meio deste livro.

Conhecendo as realidades
A experiência de Ere

Ere, quando realizava sua segunda flor – a inventada – recebeu um elogio meu, pois percebi que, de fato, a flor que ela desenhava estava ficando muito bonita. Ela era uma pessoa muito insegura em relação ao seu desenho, como podemos verificar em seu depoimento, e o elogio deve tê-la incentivado a, em casa, continuar desenhando. Na aula seguinte, me trouxe desenhos que havia realizado espontaneamente, observando as próprias plantas que possuía.

Segue seu depoimento

> "quando eu era criança, via alguns desenhos que achava lindos se comparados aos meus. flores simples, casas, bonecas, minhocas e até mesmo ratinhos, que não mostravam o que na realidade eram. Sempre enfeitados com laçarotes ou roupinhas de gente. achava tudo aquilo genial e passei a imitar; à medida que ia conhecendo tais desenhos ia tendo medo da censura que fariam às minhas 'monstruosas' obras. acho mesmo que me envergonhava de mostrar às outras pessoas os meus rabiscos; passei a copiar modelos que me ofereciam para colorir. hoje vejo que as facilidades desses desenhos eram falsas, pois tiraram de mim a criatividade que tinha em relação à natureza. na verdade, descobri que posso criar o que desejo e me maravilhar com minhas próprias criações."

Para finalizar o relato sobre esse momento da experiência, apresento o que na ocasião escrevi:

> Este trabalho está em processo. Alguns resultados podem ser verificados nos desenhos e depoimentos das *alunas-futuras-professoras*. Quanto às desejadas modificações no contexto educacional, só o tempo mostrará. Coloca-se aqui, novamente, o eterno desafio imponderável da educação: os resultados quase sempre nos escapam, porque se dão ou não a grandes distâncias temporais. (Vianna, 1987)

Anos mais tarde, a propósito da mesma experiência, escrevi ainda:

> A apreciação do processo desenvolvido pelo conjunto das pessoas de uma mesma turma, através de seus relatos e do material visual produzido, permite avaliar a rapidez e a eficácia do "método", além de se constituir em forte fator de conscientização. Em seguida, um outro desafio se coloca: **como promover as necessárias mudanças no contexto educacional?** O primeiro resultado palpável que se pode observar nas professoras que passaram pelo "processo de desestereotipização" é uma mudança de atitude para com seus alunos: por terem se descoberto como seres criadores, passam a acreditar no potencial de seus alunos e a lhes oferecer maior espaço para a expressão. Ao se espantarem (só agora!) com a estereotipia que as cercava no local de trabalho, passam a questioná-la em reuniões com coordenadores, diretores e pais. Embora com pouco poder para transformar tudo rapidamente, começam a levantar a questão (que antes para elas não existia), tentando mobilizar as colegas. Em pouco tempo, algumas são vistas, na melhor das hipóteses, como "diferentes". Outras, resolvendo "comprar a briga", se envolvem em discussões intermináveis, enquanto algumas poucas chegam até a perder o emprego por suas novas convicções. É preciso dizer que há também aquelas que se sentem impotentes para lutar, mudar alguma coisa e se acomodam onde sempre estiveram. (Vianna,1995, p. 60, grifo do original)

3.2.2
Desenhos sequenciais 2: elefantes

No segundo exercício dos desenhos sequenciais, decidi escolher um desenho estereotipado amplamente conhecido, para modificar: o "elefantinho de costas".

Dessa vez, foi determinado que a folha deveria ter duas dobras em cruz, e os desenhos deveriam ser feitos nos quatro espaços resultantes, em orientação horizontal. Esse segundo exercício foi se estruturando de forma muito intuitiva e, a partir da observação das reações gráficas aos estímulos verbais que iam sendo dados; cada proposta que surgia era advinda do resultado observado na resposta à proposição anterior.

Assim, pedi que, no primeiro retângulo, fosse desenhado um elefante de costas. O resultado foi semelhante àquele que observou Wallon em suas pesquisas com crianças: "Algumas vezes surge uma série de desenhos particulares, todos idênticos, visivelmente copiados uns dos outros, como estes elefantes vistos de costas, desenhados com uma sucessão de [dois] arcos de círculos" (Wallon, 1990, p. 149, tradução nossa).

Prosseguindo, no espaço ao lado, pedi que o **mesmo** elefante fosse desenhado **de frente**. Em seguida, no terceiro espaço, pedi que o elefante fosse representado **de lado**. Nesse ponto, notei que algumas pessoas fizeram o elefante com apenas duas patas. Decidi pedir que desenhassem o elefante visto **do outro lado**. A maioria das pessoas, nesse outro lado, fez, então, as quatro patas. No entanto, ainda havia elefantes com duas patas. Para resolver tal situação, pedi que representassem, agora já em outra folha, com as mesmas dobras em cruz definindo quatro espaços, o elefante **correndo**. Finalmente apareceram, invariavelmente, as quatro patas em todos os desenhos.

Como na representação estereotipada do elefante de costas, o *escorço*[7] é tanto que o animal fica encurtado, resumido, sintetizado, completamente achatado, visto de costas, mas sem nenhuma perspectiva, pedi que o elefante fosse representado **visto de cima**, como numa vista aérea.

---

7 Ver mais informações em *Esclarecendo conceitos*.

Dessa forma, as alunas podiam tomar consciência da extensão e do volume do enorme corpo do elefante, da grande distância que há entre sua cabeça e rabo. Depois, também foi pedido que o elefante fosse representado **visto de baixo**, ponto de vista que poderia evidenciar as "solas" das quatro patas do elefante, sua "barriga" e a "parte inferior da tromba".

É preciso destacar que foi bastante difícil para algumas alunas visualizarem o elefante desses outros ângulos, porque isso significava abandonar o seu ponto de vista habitual e se colocar, imaginariamente, em outros pontos de visão, algo parecido com o que faziam os artistas cubistas[8]. Para contornar essa dificuldade, foi preciso simular situações mais concretas, tais como: pedir que se imaginassem em um avião, tirando fotografias de um elefante que estaria em uma floresta (vista aérea) ou, para a vista de baixo, que se imaginassem observando um elefante de um andar inferior ao que ele estaria, e que a divisão entre os andares fosse transparente, para permitir a visualização.

Esclarecendo conceitos
Escorço

Segundo Arnheim (1980), o termo *escorço* pode significar que a parte visível de um objeto não aparece em sua extensão total, mas projetivamente contraída (encurtamento). Só se pode definir uma imagem como sendo ou apresentando *escorço* quando esta **não oferece** uma vista característica do todo, **mesmo que** a parte visível do objeto representado seja apresentada em sua extensão total.

Entretanto, esses estímulos verbais, para algumas alunas, ainda não eram suficientes: foi necessário, então, utilizar outras simulações, algumas um tanto curiosas. Cheguei a usar a minha mão para tentar mostrar o elefante, em que quatro dedos vertidos

---

8 O cubismo (1907-1914) foi um movimento artístico em que os múltiplos aspectos de um mesmo objeto de três dimensões, visualizados de diferentes pontos de vista, eram apresentados simultânea e contiguamente, em duas dimensões, numa mesma tela de pintura (Chilvers, 2001).

para baixo e apoiados sobre a mesa seriam as "patas" e o dedo médio esticado para frente seria a "tromba do animal". Ainda fazia mais: abaixava-me, posicionada com pés e mãos no chão, como se estivesse apoiada sobre quatro patas, tentando "ser" um elefante, para ajudar na visualização dos pontos de vista pedidos.

Depois, para abrandar um pouco a rigidez da linha que traça os contornos do animal e que, quando se trata de desenhos estereotipados, é muito dura, direta, mecânica e sem hesitação, resolvi pedir para representarem um elefante **subindo uma escada.** Tentava, dessa forma, desestabilizar o plano e, assim, mexer com o corpo do animal, a fim de torná-lo "mais orgânico" ao ser representado numa diagonal ascendente.

Algumas vezes pedi, ainda, que representassem o elefante **dormindo**. Nesta proposição observava que muitas alunas achavam que bastava "fechar os olhos" do elefante para representá-lo dormindo, enquanto que, o que eu esperava era, mais uma vez, que se pudesse mexer com a rigidez das linhas e das formas, "deitando graficamente" o elefante.

Feitas todas essas experiências com o mesmo elemento *elefante*, o que se podia notar, via de regra, era um aprimoramento progressivo nas representações. Essas sucessivas e, mesmo, exaustivas representações levaram a um desenvolvimento do olhar das *alunas-já-professoras*, a uma ativação da memória visual, a uma maior leveza nos traçados etc. Creio que o "aperfeiçoamento" do desenho é promovido pelo fato de que as etapas do exercício não são simples repetições, mas **repetições modificadas** e, principalmente, repetições **não anunciadas** previamente. Isso mantém o interesse e a expectativa do aluno em nível elevado, conduzindo-o a representações não mecânicas, não aborrecidas.

Destaco aqui, porém, que nem sempre os elefantes desenhados tinham, de fato, "cara" de elefantes. Muitas vezes eles mais se pareciam com outros animais, tais como *porcos, tamanduás, cachorros* ou *javalis*, do que propriamente com elefantes. No entanto, considero isso apenas um detalhe de menor importância, porque, a meu ver, importante mesmo era o desenvolvimento do traço e da representação, e não a verossimilhança.

Depois, como última etapa desse exercício, solicitei que escolhessem entre os diversos desenhos de elefante que haviam feito – em geral oito, às vezes nove, quando incluía o elefante dormindo – aquele que parecia ser o **melhor**, e que o escolhido fosse representado em tamanho grande, isto é, numa folha inteira.

Nesse momento, todas as alunas já tinham mais segurança no desenho do elefante, pois este já havia sido representado tantas vezes e, a partir de tantas visualizações diferentes, que já podiam manter com ele uma relação de "quase intimidade".

Em geral, como sendo "o melhor elefante", as alunas escolheram algum dos elefantes **vistos de lado**, confirmando o que Gombrich (1986, p. 254) diz a respeito da representação de uma moeda:

> Uma moeda não é mais real quando vista de cima do que quando vista de lado. Mas acontece que a vista frontal [da moeda] é a que nos dá maiores informações. É este aspecto, que chamamos de "forma característica" do objeto (pode ser mais de uma, diga-se de passagem), que expõe a maior parte das características distintivas pelas quais classificamos as coisas do mundo e lhes damos nomes.

Portanto, de fato, desenhado **de lado**, um elefante fica "muito mais elefante". No entanto, houve alguns raros casos em que as alunas escolheram o elefante **visto de cima** ou **de baixo** para representar em tamanho grande.

Feito isso, foi pedido que as alunas, então, contextualizassem o elefante desenhado, imaginando-lhe um lugar em que pudesse estar, inserindo-o em alguma situação, ou em algum acontecimento do qual pudesse estar participando. As representações mais comuns o colocavam em um circo, em um zoológico ou em uma floresta. Nesse momento, como, aliás, em todos os demais exercícios, tratava-se de aliar o "traçar pela observação" – o animal elefante (ainda que de memória) – ao "traçar usando a imaginação" – o contexto em que o elefante se encontrava.

Resumo da proposta do desenho sequencial 2: elefantes

Desenhar um estereótipo conhecido – "o elefantinho de costas" – depois representá-lo de diferentes pontos de vista, em diversas posições e ações (visto de frente, de lado, do outro lado, de cima, de baixo, correndo, subindo uma escada, deitado...). Em seguida, escolher o melhor entre os desenhos de elefante realizados e desenhá-lo em tamanho maior, inserindo-o em um contexto imaginado.

Nessa proposta, entre os desenhos das *alunas-já-professoras* que participaram, notamos que, embora a maioria tenha conseguido reproduzir a forma simplificada do "elefantinho visto de costas", tal como a conhecemos desde a infância, algumas só conseguiram parcialmente, seja porque não conheciam a forma (assim o disseram), seja porque não conseguiram relembrá-la e/ou imaginá-la e representá-la.

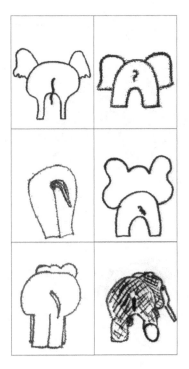

"NUNCA DESENHEI UM ELEFANTE, NEM MESMO DE COSTAS";
"TODAS AS VEZES QUE VI UM ELEFANTE FOI DE LONGE, PORTANTO TIVE QUE FAZER UM GRANDE ESFORÇO PARA IMAGINAR AS SITUAÇÕES PROPOSTAS".

Por outro lado, considerei o caso do último dos desenhos (ao lado apresentados), em que a representação do animal supera a estereotipada: ainda que mostrando-o de costas, o animal é representado **em escorço**. No caso apontado, esta "superação" é conseguida pela cabeça representada com deslocamento para o lado, um pouco voltada para o espectador, com uma certa perspectiva. Além do mais, uma das pernas está articulada e levantada, mostrando a parte inferior da pata do elefante, dando a impressão de que ele caminha na direção contrária à qual o espectador se encontra. Este é, assim, o único exemplo de representação de costas não estereotipada e em "escorço verdadeiro", e que, além do mais, apresenta movimento, enquanto que todas as demais deixaram o elefante na mais completa imobilidade. Por outro lado, é também o único exemplo que apresenta uma textura, tentando reproduzir a pele rugosa do elefante, enquanto todos os demais só estão representados por linhas de contorno

Nas representações do elefante **de frente**, nota-se que, na maioria dos casos, os dois arcos de círculo paralelos persistem, de diversas maneiras, nas representações, levando-nos a constatar que esta forma, de fato, já se encontra muito cristalizada na expressão da maioria das pessoas.

Nota-se também que as pessoas que mais dificuldades tiveram para representar o elefante de costas, em geral, são as mesmas que também as demonstram nas demais representações. Por exemplo, ao representar o elefante **visto de frente**, verifica-se, em especial, dois casos em que, a forma que, no primeiro desenho, foi dada como sendo a "parte traseira" do elefante, no segundo momento, ao fazê-lo de frente, passa a ser a cabeça do elefante que, além do mais fica sem corpo.

As representações solicitadas de desenhar o elefante **de um** e depois (surpresa!) **do outro lado**, reproduzem o ponto de vista que usualmente temos de um elefante: em geral, visualizamos e representamos os animais vistos por nós como se estivéssemos ao seu lado, embora o estereótipo "elefantinho de costas", entre outras coisas, ignore também este fato.

Ainda assim, em muitas das representações de lado, os elefantes aparecem, como já vimos, com apenas duas patas, o que, para muitas alunas, só se resolveu com a solicitação de representá-los correndo. Na primeira tira, a seguir, vemos os elefantes **de um lado** e na segunda, **do outro lado**.

As transformações do recebido

Outro ponto observado foi que a **visão de cima** é a mais difícil de ser representada. Algumas pessoas fizeram várias tentativas malogradas e/ou inacabadas, e a visão que, muitas vezes, persistia era a visão **lateral** (ver a seguir, o terceiro desenho), talvez, como vimos, pelo fato de ser este ponto de vista o mais usual.

"FOI DIFÍCIL DESENHAR TODAS AS ETAPAS DO ELEFANTE; ME SENTI COMO SE FOSSE UMA CRIANÇA TENTANDO DESENHAR"

"DURANTE O PROCESSO SENTI QUE NÃO SERIA CAPAZ, MAS FUI".

Curiosamente, as representações **de cima**, em geral, foram as únicas que suscitaram contextualização, provavelmente porque se torna mais difícil identificar o elefante de tal ângulo. O contexto, portanto, estaria contribuindo para essa identificação. Outro fator que pode ter gerado a contextualização foi que, para auxiliar na visualização desse ponto de vista, solicitei que imaginassem o elefante numa floresta, fotografado de um avião. Seria, então, essa mesma floresta que estaria representada, como podemos ver nos dois últimos casos da tira de imagens abaixo.

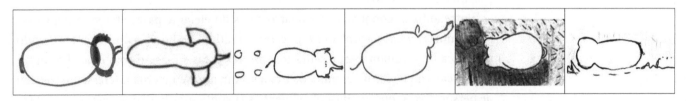

A visão **de baixo**, igualmente difícil, talvez por ter sido solicitada após a visão **de cima**, parece ter ocorrido com um pouco mais de facilidade.

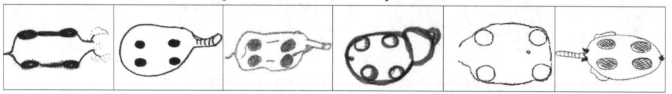

A etapa de solicitar que representassem o **elefante correndo**, além de resolver o problema da ausência de algumas patas – as que estavam faltando apareceram – leva, em alguns casos, à articulação destas (casos dos elefantes a seguir), o que corresponde à tentativa de conferir movimento ao desenho, conforme a ação solicitada (correndo).

Muitas alunas usaram artifícios gráficos emprestados da linguagem das histórias "em quadrinhos", fazendo alguns "riscos paralelos", horizontais ou meio oblíquos, no sentido de dar ilusão de deslocamento e velocidade. No entanto, em boa parte dos casos acima, apesar desses esforços, os elefantes dão a impressão de estarem, no máximo, andando, mas não correndo. Naqueles casos em que houveram tentativas de caráter mais estrutural, as pernas ou foram articuladas na altura do "joelho", ou representadas para traz, e o corpo projetado para frente, recursos que conseguiram aumentar a ideia de movimento: "SENTI DIFICULDADES EM FAZER O ELEFANTE EM MOVIMENTO, PORQUE A IMAGEM QUE TENHO DELE É PARADO".

Entretanto, a "conquista" das quatro patas do elefante parece ter sido esquecida por algumas *alunas-já-professoras* que, no penúltimo pedido – o do "elefante subindo uma escada" – voltam a representá-lo com três patas e mesmo com duas. Por outro lado, o caso do terceiro desenho, da tira a seguir, apresenta uma interessante solução de perspectiva, o que justifica plenamente sua configuração com apenas duas patas.

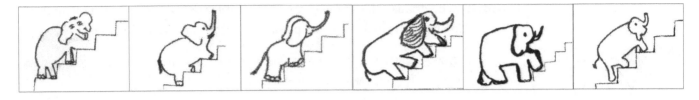

Porém, no desenho final, representado em tamanho quatro vezes maior, todos os elefantes têm quatro patas, ainda que em nenhum momento isso tenha sido solicitado explicitamente, o que leva a crer na eficácia do método: "FOI MUITO DIFÍCIL DESENHAR ELEFANTES, PORQUE NÃO CONVIVI COM ELES O SUFICIENTE PARA ISSO; USEI, ENTÃO, A MEMÓRIA VISUAL DE FILMES, DESENHOS (ESTEREOTIPADOS OU NÃO) E ATÉ DE OUTROS ANIMAIS QUE CONHECI". Esse depoimento de uma *aluna-já-professora* confirma o que dizem Wilson e Wilson (1997, p. 66):

> As configurações memorizadas que nos servem melhor são aquelas recebidas das nossas percepções de outros desenhos. [...] [porque foram] traduzidas para configurações bidimensionais de linhas e formas. Estes signos configuracionais [...] são sempre mais simples e abstratos do que os objetos fenomenológicos com os quais se relacionam. As configurações gráficas são imobilizadas no tempo e no espaço; [...] São essas características que garantem uma rememoração mais fácil da percepção de configurações gráficas do que aquela possibilitada pela percepção dos objetos reais.

O pedido para contextualizar era proposto somente para o último elefante e, mesmo assim, só era conhecido depois que o elefante já estava representado em ponto grande. No momento de representá-lo em uma folha A4 inteira, as *alunas-já-professoras* não sabiam, ainda, que teriam que inserir o elefante em um contexto. O fato é que, sendo pedido desta maneira, como o elefante já estava desenhado em tamanho bastante grande para a página, restava pouco espaço para representar o ambiente. Entretanto, isso parece não ter prejudicado o atendimento do pedido: a maioria das alunas conseguiu colocar os elefantes inseridos em uma **paisagem**, para usar um termo mais geral que signifique "ao ar livre": são lugares não muito definidos; às vezes parece que o elefante

Disponível no encarte em cores.

tem terra ou grama sob os pés; às vezes parece estar perto de um lago, molhando-se. Neste tipo de contextualização, em paisagem, encontramos a maioria dos casos.

"NO GERAL ACHEI A ÚLTIMA PARTE A MELHOR: AS PESSOAS SE SENTIRAM MAIS À VONTADE PRA CRIAR UM ELEFANTE E COLOCAR A 'PAISAGEM' QUE QUISESSEM".

É importante destacar que o objetivo de se conseguir representações de elefante que fornecessem maior quantidade de informações do que os **de costas** parece ter sido atingido, porque a maioria das pessoas do grupo escolheu para representar "em ponto grande" os elefantes desenhados **de lado**, e não mais **de costas**: "PERCEBI QUE O TRABALHO OBEDECEU CRITÉRIOS DE PASSOS; ISTO PERMITIU QUE SE FOSSE ADQUIRINDO UM CRESCIMENTO ENQUANTO SE REALIZAVA AS ETAPAS". Entretanto, nessa etapa, observaram-se duas exceções nos desenhos do grupo: uma *aluna-já-professora*, que escolheu como o melhor elefante o primeiro, **de costas**, e uma outra que escolheu, para este exercício, o elefante visto **de cima**.

Seguem-se, em número decrescente, elefantes colocados **no circo** e **no zoológico**. Percebemos que é um circo porque em dois casos os elefantes estão em um "picadeiro" e outros "em cima da escada" que, aliás, como vimos, havia sido oferecida na oitava proposta de desenho, em que se pedia que o elefante nela subisse. Tais escadas foram, assim, aproveitadas para simular "praticáveis" de circo, sobre as quais os elefantes fariam "seu número". Em duas cenas de circo, encontramos, além dos elefantes, personagens próprios daquele ambiente: um palhaço e um domador.

"FOI INTERESSANTE COMPARAR A EVOLUÇÃO DOS ELEFANTES; ELES NEM PARECEM OS MESMOS DEPOIS QUE FORAM CONTEXTUALIZADOS, SEUS TRAÇOS FICARAM MAIS ELABORADOS".

Nas cenas de **zoológico**, temos o exemplo de um elefante que se encontra num cercado, sendo apreciado por uma criança que, naturalmente, está fora das grades. "OS ELEFANTES EVOLUÍRAM APÓS TERMOS NOS DESINIBIDO, DEPOIS DE OS DESENHARMOS EM INÚMERAS POSIÇÕES".

Podemos deduzir, ainda, que, nas contextualizações, as alunas pesquisadas também se orientaram pelo mais imediato, pelo mais comum, não buscando outras situações menos usuais onde um elefante pudesse estar.

Disponível no encarte em cores.

Para aprofundarmos essa questão da contextualização, podemos nos pautar pelas pesquisas de Duarte (1995) – que apresenta estudos baseados principalmente em Luquet (1969), Rosenfeld (1985) e Wilson e Wilson (1987) – e classificar estes últimos desenhos (elefante inserido em um contexto) nos dois tipos que a pesquisadora propõe. Assim, a maioria dos desenhos contextualizados seria do tipo **desenho de cenário**, pela ausência da representação da figura humana, onde não há nenhuma ação humana. "Diz-se que são desenhos que descrevem, porque relatam cada figura articulada ao todo [...]. Trata-se de uma exposição circunstanciada" (Duarte, 1995, p. 76). Os outros, segundo a classificação de Duarte, seriam **desenhos de narrativa**, pelo fato de os elefantes estarem acompanhados de personagens humanos, como vimos: "o elefante no circo com palhaço", "o elefante no circo com domador" ou "a menina que observa o elefante no zoológico". Continuando, Duarte (1995, p. 80, grifo nosso) propõe: "Passa-se a denominar **desenho de narrativa**, desenhos nos quais figuras articuladas apresentam a configuração de uma cena, com personagens em ação. [neles] **É imprescindível a representação gráfica da figura humana**".

Disponível no encarte em cores.

No entanto, em nossa amostra, notamos uma exceção: há um elefante, inserido em uma paisagem montanhosa, representado com algumas flechas, indicando uma situação de ataque ou caça. A figura humana não está aí representada, mas subentendida; encontra-se, por assim dizer, fora do quadro, mas realiza uma ação. Esse caso, de certa forma, contrapõe-se às assertivas de Duarte (1995), porque, ainda que a figura humana esteja ausente no quadro, a narrativa está presente: "elefante sendo atacado (ou caçado) por flechas" e, se isso ocorre, é porque "alguém" o ataca ou caça.

Creio que também merece destaque o caso da aluna cuja dificuldade inicial foi sendo superada e, no último desenho, em tamanho quatro vezes maior, consegue um resultado bastante satisfatório, o que se pode considerar como uma comprovação da eficiência do *Método de transformação dos desenhos recebidos*.

"ALGUNS ELEFANTES, DE INÍCIO, DISFORMES, GANHARAM FORMA E EXPRESSÃO"

"OS ELEFANTES FINAIS NÃO CORRESPONDEM À DIFICULDADE SENTIDA NO INÍCIO DO TRABALHO".

Segundo Arnheim (1980, p. 99, grifo nosso):

> A rigor, só se pode representar o conceito visual de qualquer coisa que tenha volume, num meio tridimensional, como a escultura ou a arquitetura. Se quisermos criar imagens sobre uma superfície plana, tudo que podemos esperar fazer é realizar uma **tradução** – isto é, apresentar algumas das características estruturais essenciais do conceito visual por recursos bidimensionais.

Assim, a representação do "elefantinho de costas" é uma dessas traduções que, tal qual o exemplo do mexicano – dois círculos concêntricos representando seu enorme chapéu, visualizado de topo, escondendo, portanto, todo o corpo do personagem – , apresentado por Arnheim (1980, p. 101), "seria usada apenas como pilhéria, que resulta, precisamente, da contradição entre a correção incontestável da representação e sua evidente inadequação." Dessa forma, podemos dizer que aquilo que Arnheim denomina "esqueleto estrutural" também no caso do "elefantinho de costas", "se relaciona muito pouco com a estrutura do conceito visual a ser comunicado; ao invés disso, cria outras associações [às vezes] falsas". Continua Arnheim (1980, p. 101) afirmando que: "para algum propósito especial, o desenhista pode, deliberadamente, escolher uma vista que mais falseie e esconda do que informe". Esse parece ser o caso do "elefantinho de costas", e o propósito especial que deve ter animado sua criação, além da pilhéria, foi, provavelmente, a intenção de simplificá-lo, tornar a sua representação facilitada, reduzida a seus traços mais simples; em uma palavra: massificá-lo.

Foi incomodada com essa representação simplificada e inadequada, que "mais falseia do que fornece informações" sobre um elefante, que criei o exercício, a fim de buscar configurações que invertessem o processo descrito por Arnheim (1980). Esperava que se encontrassem configurações que, ao contrário, "mais informassem (sobre) do que falseassem" um elefante. Já vimos também, sobre esta questão, o pensamento de Gombrich (1986), quando comparamos a representação do elefante com a de uma moeda, o que só reforça a pertinência do exercício.

Ao término da experiência, foi solicitada, como em todos os exercícios, uma avaliação por escrito, inicialmente em nível individual e depois, apreciando o resultado de todos os trabalhos, outra em nível coletivo. Além dos depoimentos já apresentados durante a análise dos dados obtidos no exercício, serão destacados, agora, alguns de natureza mais conclusiva.

A avaliação comparativa entre os trabalhos individuais e o conjunto dos trabalhos realizados pelo grupo – outra característica constante do *Método de transformação dos desenhos recebidos* –, ao contrário de estabelecer competições entre seus participantes, leva a uma satisfação: a de compreender que o "nível de competência individual é largamente compartilhado", como vimos em Darras (1996).

Assim se expressaram algumas participantes ao final do exercício: "INTERESSANTE PERCEBER QUE AS DISTORÇÕES NÃO ERAM SÓ MINHAS"; "COMO EU SENTI DIFICULDADES, OUTRAS COLEGAS TAMBÉM SENTIRAM"; "VI QUE NÃO ESTAVA SOZINHA".

Foi apontada também a importância da experiência para a descoberta de potencialidades insuspeitas, em que se verifica o aumento da autoconfiança em relação ao desenho: "UMA OPORTUNIDADE PARA DESCOBRIR QUE CONSIGO DESENHAR";

"FIQUEI FELIZ POR TER CONSEGUIDO DESENHAR ALGO QUE PODERIA SER RECONHECIDO";

"GOSTEI DE SABER QUE SEI DESENHAR ELEFANTE"; "TENTANDO SUPERAR BARREIRAS, QUALQUER PESSOA É CAPAZ DE DESENHAR QUALQUER COISA"; "MOSTRA QUE TODOS CONSEGUEM DESENHAR, DESDE QUE SEJAM LEVADOS A ISSO DA MANEIRA CERTA".

Algumas avaliações comentam o processo, referindo-se aos objetivos que teriam sido alcançados, e também à, já exaustivamente comentada, conscientização que pretendíamos:

"NÓS ADULTOS TEMOS TENDÊNCIA A FAZER DESENHOS COMO NOS FOI ENSINADO";

"ACONTECEU O DESPERTAR SOBRE OS ESTEREÓTIPOS QUE USAMOS E OBRIGAMOS NOSSOS ALUNOS A USAR TAMBÉM".

Para reforçar todos esses argumentos e demonstrações, apresento, comentados dois interessantes casos de desenho de elefante, ocorridos com duas *alunas-já-professoras*.

Conhecendo as realidades
Formas cristalizadas

Nos casos a seguir, observamos que as autoras dos desenhos tiveram grande dificuldade para se livrar da forma estereotipada/cristalizada.

Caso I

Este caso de desenhos demonstra a enorme pregnância das formas estereotipadas, aqui exemplificadas pela coroa de círculo, utilizada para representar o "elefantinho de costas". Mesmo tendo sido solicitado que o elefante fosse representado visualizado de vários outros ângulos, de outros pontos de vista, a forma inicial e marcante (a coroa de círculo) **não desaparece nem se modifica**, persistindo quase sempre igual nas demais posições e ações do elefante (desenhos 6 e 7).

Caso II

Este caso de desenhos de uma mesma aluna, demonstra como o estereótipo impede que ela se expresse verdadeiramente. Abandonando a forma estereotipada de elefante (de costas) no terceiro desenho, ao representá-lo de lado, ela deixa o elefante **sem corpo**, não mais encontrando outra forma para representá-lo (desenhos 3, 4 e 5). Só após a continuidade dos exercícios e as constantes solicitações de "repetições modificadas" dos desenhos, fazendo o elefante **visto de cima e de baixo** (desenhos 6 e 7), uma outra forma de corpo finalmente aparece (desenhos 8 e 9).

Desenhando com todos os lados do cérebro

3.2.3
Desenhos sequenciais 3: figuras humanas

O terceiro exercício do "processo de desestereotipização" enfocava a representação da figura humana. Logo de início, pedi que desenhassem, de memória, uma figura humana de corpo inteiro. Na primeira vez em que apliquei o exercício, assim que havia feito a proposição, uma aluna perguntou: "VESTIDA OU NUA?". Respondi que seria como cada uma quisesse. Depois dessa pergunta, achei interessante que a mesma figura fosse desenhada novamente, na representação contrária à primeira, ou seja: quem havia feito a figura vestida, que a fizesse sem roupa, e vice-versa. Esta foi uma possibilidade que não estava prevista inicialmente, mas que considerei oportuno incorporar aos exercícios daquele momento em diante.

Após a conclusão desses dois desenhos iniciais, solicitei ao grupo que escrevesse sobre suas impressões, opiniões e sentimentos em relação ao seu próprio desenho de figura humana. Em resumo, os depoimentos falavam de: frustração, insatisfação e de desenhos que desagradavam suas autoras porque eram considerados infantis, desproporcionais, pouco realistas, ou porque pareciam mais representações de bonecos do que de gente. Tais julgamentos sobre os desenhos ocorrem, talvez, por se tratar de *imagens iniciais*, conforme denomina Darras (1996), não no sentido de "primeiras", mas no sentido de "feitas por adultos noviços". Esse autor denomina de *imagens iniciais*, as imagens que parecem escapar à classificação por idade.

Esclarecendo conceitos
Imagens iniciais

O autor francês Bernard Darras (1996, p. 17, tradução e grifo nosso) é quem esclarece:

> Foi a partir de tais constatações que nós decidimos propor um nome novo para agrupar tanto as produções adultas tendo características infantis como as **produções adultas e infantis parecendo escapar às categorias de idade**.

> O problema vinha essencialmente da dificuldade de escolher um termo que dissesse, sem lhes desvalorizar, que as produções de adultos, de adolescentes e das crianças poderiam se agrupar sob uma **mesma etiqueta**.
>
> Assim, Darras (1996, p. 18-19, tradução nossa), depois de muito buscar, decidiu-se pela denominação *imagem inicial*: "o termo imageria inicial é geralmente bem-aceito, e numerosos adultos, cujas competências gráficas são deste nível [imagens de base, imagens comuns] ficam tranquilizados por pertencer a uma classe da qual o rótulo não é nem degradante nem enganador".

Voltando à experiência, percebi que, entre adultos "noviços", o desenho que acarreta maior frustração é o da figura humana, que estes idealizam como o fator diferencial entre **saber** ou **não saber** desenhar. Ser capaz de reproduzi-la quase que "fotograficamente", para eles, é saber desenhar. Uma possível explicação aparece em Cambier (1990, p. 65, tradução nossa):

> desenhar um boneco, um personagem, não é apenas representar uma classe de objetos, mas, é também, ao mesmo tempo, representar o que eu sou. Imagem de mim e imagem daquilo que são os outros, o desenho do ser humano fará necessariamente referência aos registros perceptivos extremamente variados, tais como as informações cinestésicas, as informações visuais, os conhecimentos adquiridos, as experiências vividas.

Numa apreciação do conjunto dos desenhos da figura humana, feitos de memória, verifica-se que, em quase todos os desenhos, as figuras tinham a mesma postura, em geral, estando de frente e em pé, e que a grande maioria estava como que "olhando para o espectador"; os pés, um pouco afastados um do outro, estavam apontados, em geral, um para cada lado.

Os braços muitas vezes estavam apoiados na cintura, como "alças de um jarro" (Wallon; Lurçat, 1968, p. 54, tradução nossa), o que faz com que se evite, assim, a representação das mãos, considerada bastante difícil. Por outro lado, a posição frontal pode se justificar pela explicação dos mesmos autores:

> A dificuldade do perfil aparece porque a criança [e também o adulto noviço] tem a impressão de que [se o fizer] só deve desenhar uma metade do personagem. [...] O perfil supõe a possibilidade da criança de abstrair uma parte do corpo como representação do conjunto. Mas, por que a criança desenha os animais de perfil e os bonecos de frente? Porque há mais elementos representados no animal de perfil que no homem. Isto se deve ao fato de que o grande eixo do corpo se inverte: em um caso é horizontal [animal] no outro é vertical [homem]. (Wallon; Lurçat, 1968, p. 79, tradução nossa)

É possível concluir, igualmente, que as representações da figura em pé são também uma consequência da posição induzida pela orientação do papel na vertical. No entanto, como nenhuma restrição nesse sentido foi colocada, as alunas, se quisessem, podiam inverter a orientação da folha para a horizontal, o que ninguém fez: "existe claramente uma orientação 'em cima-embaixo' inerente à figuração de um personagem" (Goodnow, citado por Cambier, 1990, p. 80, tradução nossa).

Constatada essa "espécie de unanimidade" nas representações, com características quase homogêneas e, também, uma "insatisfação generalizada", partiu-se para as proposições transformadoras.

Para tanto, dispunha-se o grupo sentado em forma de círculo e, entre seus integrantes, solicitava-se voluntários para posar no centro, servindo de modelos para a observação e realização dos registros gráficos pelos demais. Para dar oportunidade a todos de desenharem observando os modelos vivos, era feito um "rodízio" desses modelos.

A proposta era a de registrar, pela observação direta, apenas a silhueta da pessoa que posava, ou seja, só a linha externa, a linha que envolvia a figura. Havia a recomendação expressa de "não se traçar **nenhuma** linha interna", tais como as do queixo, das roupas, do limite das mangas, das barras das saias ou das calças etc.

A **silhueta** deveria ser construída como uma forma fechada, traçada com uma linha inteiriça, começando em um ponto, percorrendo toda a figura e retornando ao ponto inicial.

Às alunas que posavam, sugeria que fizessem poses diferentes, que buscassem posições pouco usuais e mesmo exageradas, com movimentação de braços e pernas, por exemplo, e que se colocassem em posições "sentadas", "ajoelhadas" ou "deitadas", entre outras. Porém, recomendou-se que tais posições fossem ao mesmo tempo confortáveis, para que nelas pudessem permanecer estáticas por alguns minutos, enquanto as colegas realizavam seus rápidos registros.

É necessário esclarecer que, muitas vezes, dependendo da maior ou menor habilidade do desenhador, de seu interesse, sua capacidade de concentração e observação e do domínio do instrumental de desenho, as figuras apresentavam um traçado mais apressado ou mais atento, continham maior ou menor número de detalhes, ficavam menos ou mais parecidas com silhuetas humanas etc.

Assim, foram solicitados **cinco** desenhos de silhuetas, cada um realizado na metade de uma folha A4. Nessa etapa, observaram-se algumas mudanças na orientação do papel; quando, por exemplo, o modelo a ser desenhado se encontrava deitado, este era representado na folha em posição horizontal.

Havia em cada "rodada" a opção de mais de um "modelo em pose", para que as alunas pudessem registrar aqueles que se encontrassem em ângulo de visão mais favorável à representação.

Terminados os desenhos das silhuetas, começava uma série de outras cinco proposições para o "preenchimento das formas geradas", em que era primordial tentar "abstrair-se" de quem estivera posando e olhar as silhuetas apenas **enquanto forma humana.**

Para a primeira silhueta, eram sugeridos os seguintes preenchimentos para completá-la: rosto (feições), vestimentas e acessórios, mas com uma restrição: não era permitido desenhar **nada** fora da silhueta, nenhum traço, nenhum elemento, nenhum esboço de contexto. O objetivo era concentrar toda a "energia gráfica" das alunas na figura, **sem** abordar o fundo.

Disponível no encarte em cores.

Na segunda silhueta, pedia-se exatamente o contrário: a forma devia permanecer como **silhueta em branco**, sem nenhum preenchimento, enquanto o fundo devia ser trabalhado em **todas** as suas possibilidades: imaginar um **ambiente** para aquela figura, uma **situação**, um **acontecimento**, colocar elementos, acessórios, objetos nas mãos, na cabeça, enfim, tudo que se imaginasse, desde que, repito, **dentro** da forma da silhueta **nada** fosse colocado.

Assim, o foco era dirigido à representação do fundo, normalmente desprezado pelos desenhadores noviços. Em geral, é como se a pessoa gastasse todas as suas energias na representação da figura e se "esquecesse" do fundo, ou já estivesse "cansada demais" para se preocupar com ele. Como disse um professor americano citado por Richter (1983, p. 50): "é [quase] inútil [desejar] que eles desenhem um fundo".

Depois, como já haviam sido experimentadas duas possibilidades: a de se concentrar inicialmente **só na figura** e, em seguida, **só no fundo**, na terceira silhueta, o completamento deveria ser feito **tanto dentro como fora** da forma fechada, resultando, portanto, num desenho plenamente preenchido e contextualizado, de maneira figurativa.

Em geral, após todo esse "aquecimento", as representações iam ficando mais imaginativas, a expressão mais fluente e menos insegura.

A partir desse ponto, solicitava, ainda, duas outras modalidades de preenchimento das silhuetas, propondo direções um tanto diferentes.

Até aqui, como vimos, vínhamos trabalhando com a expressão **figurativa**, não só nestes desenhos de figura humana, mas em todos os exercícios anteriores do processo, já descritos. Para mudar um pouco esse "enfoque figurativo" e alargar o repertório gráfico-visual das alunas, para o preenchimento de uma **quarta silhueta**, era proposto um **tratamento abstrato**. Em vez de figuras concretas e reconhecíveis, deveria-se preencher, tanto a silhueta, como o seu entorno, com pontos, linhas, cores, texturas, formas abstratas e/ou geométricas, mas **não com figuras**. O único cuidado que se precisava tomar era com a "preservação da forma figurativa" da silhueta, que não poderia desaparecer em meio ao emaranhado de elementos. Ela deveria continuar **visível**, destacada e identificável.

Disponível no encarte em cores.

Além disso, uma das principais características do *Método de transformação dos desenhos recebidos* é a de trabalhar com o inusitado, com a surpresa, com o manter o aluno sempre em expectativa, ou mesmo com o desmontar de suas expectativas. Então, para a quinta (e última) silhueta, em lugar de uma completação de tipo humano, pedia-se que aquela silhueta fosse vista não como "a de uma pessoa", mas como "a de um animal".

Para facilitar a alteração do olhar e levar à visualização de algum animal, mudanças na orientação do papel eram permitidas e mesmo incentivadas. Assim, algumas *alunas-já-professoras* operaram rotações nas figuras, tanto de 90° quanto de 180°, estas últimas deixando as silhuetas de cabeça para baixo. Era pedido que aproveitassem ao máximo as formas como elas se apresentavam e só fizessem os acréscimos estritamente necessários para transformá-las no animal desejado. Entre as associações realizadas, uma das mais frequentes foi com o **macaco**, por razões que talvez se possam considerar óbvias; mas apareceram também: **tigre**, **leão**, **canguru**, **sapo, jacaré** etc. Os resultados, por vezes, ficavam totalmente curiosos e inusitados.

Depois, como nos exercícios anteriores, procedeu-se à apreciação dos trabalhos com as silhuetas, afixados em painel e agrupados por cada tipo de proposta, para que as alunas, ultrapassando o "nível individual de avaliação" das suas próprias produções, pudessem examinar o conjunto das representações do grupo e, principalmente, visualizar o seu trabalho "em relação aos demais".

Como já vimos nos relatos sobre todos os exercícios anteriores, esta forma de avaliação em "dois níveis", o individual, primeiramente, e depois o coletivo, era uma constante na finalização de cada exercício.

As conclusões sobre esta experiência foram igualmente animadoras: embora as alunas, na grande maioria, não conseguissem desenhar figuras de maneira "fotográfica" como inicialmente "idealizavam", em geral, costumavam ficar satisfeitas com os trabalhos que conseguiam realizar, porque, como comenta Darras (1996, p. 20, tradução nossa) sobre uma experiência que realizou: "os professores ficaram satisfeitos de compreender que seu nível de [in]competência era largamente compartilhado".[9]

Disponível no encarte em cores.

---

9 A inserção realizada nessa citação – [in]– modificando o sentido da palavra *competência*, foi intencional, pois acredito que *incompetência* traduz melhor o sentimento dos professores diante do ato de desenhar a figura humana.

Ao contrário dos primeiros desenhos da figura humana, que eram feitos de memória, os demais apresentavam grande variedade de soluções, com movimento e expressividade. Observa-se aqui o que Lurçat (1988, p. 90) denomina *eclipse do estereótipo*. Também Wallon (1990, p. 143, tradução nossa) afirma que: "a presença de modelos [ao vivo, no desenho da figura humana, por exemplo] favorece a ruptura com os estereótipos". E comenta: "O modelo exterior [...] promove uma espécie de confusão no espírito da criança [e do adulto noviço] que impede a aplicação do estereótipo" (p. 147, tradução nossa).

Isso levou as alunas, de certa forma, a também reformularem suas concepções sobre o que seria "saber desenhar" e, mesmo, a desistirem daquelas formas fotográficas idealizadas, que poucos – 5% da população –, como vimos em Darras (1996, p. 20, tradução nossa), são capazes de representar.

Resumo da proposta do desenho sequencial 3: figuras humanas

Desenhar a figura humana de memória (vestida e depois sem roupa); em seguida, desenhar silhuetas, observando colegas posando em diferentes posições. Preencher as silhuetas com feições, vestimentas, transformando-as em personagens, inserido-as em situações e cenários imaginários. Em duas das silhuetas, conferir um tratamento diferenciado: abstrato para uma delas e, para a outra, transformar a silhueta em um animal.

Depois de todas as particularidades apontadas, creio que o exercício de desenho da figura humana, pela sua complexidade, merece uma análise ainda mais acurada. Neste, mais do que nos anteriores, os registros verbais parecem se revestir de maior importância e, por essa razão, serão privilegiados para iniciar esta análise.

Assim, após as participantes terminarem os dois primeiros desenhos de figura humana, foi pedido para que escrevessem o que achavam de seus desenhos, como os viam e como se sentiam em relação a eles.

Destaco aqui **os adjetivos** usados pelas *alunas-já-professoras* para qualificar os seus próprios desenhos, sendo a maioria de caráter depreciativo. Quando se trata de avaliar os desenhos de figura humana, nos adultos, parece que a autocrítica fica ainda mais exacerbada que a encontrada na avaliação de desenhos de outros temas, como podemos constatar em alguns dos citados: "FEIOS" "BOBOS", "TORTOS", "IMATUROS", "MAL-DESENHADOS", "GROTESCOS", "RIDÍCULOS", "HORRÍVEIS", "DESPROPORCIONAIS" entre outros e em trechos de alguns depoimentos:

> "NÃO GOSTEI DOS DESENHOS; A MINHA PRIMEIRA FIGURA PARECE TER SÉRIOS PROBLEMAS DE COLUNA; A SEGUNDA FICOU COM UM CABEÇÃO EM RELAÇÃO AO CORPO"; "UMA CRIANÇA QUE VEJA MEUS DESENHOS TALVEZ ACHE INTERESSANTE, MAS UM ADULTO DEVE ACHÁ-LOS RIDÍCULOS COMO EU ACHO"; "NÃO É UMA REPRODUÇÃO DESENHADA DENTRO DA NORMALIDADE, PARECEM MONSTRINHOS".

Entretanto, há entre os adjetivos, alguns poucos que são de natureza positiva: "INTERESSANTES", "BONS", "BONITOS", "LINDOS" E "SIMPÁTICOS", o que evidencia que apenas uma pequena minoria de alunas ficou satisfeita com seus desenhos.

> "SINTO-ME BEM PORQUE É MINHA EXPRESSÃO ARTÍSTICA";
> "SINTO-ME SATISFEITA EM RELAÇÃO A ELES, POIS FORAM FEITOS POR MIM, DO JEITO QUE EU SEI FAZER".

Depois destaquei algumas **características dos desenhos**, encontradas na maneira como as alunas os descreveram, que, de maneira geral, também foram bastante depreciativas. Segundo algumas delas, são desenhos "FEITOS COM TRAÇOS DE INSEGURANÇA"; "APARENTAM RIGIDEZ"; "NÃO GUARDAM PROPORÇÕES"; "TÊM POUCA IMAGINAÇÃO E CRIATIVIDADE"; "NÃO EVOLUÍRAM EM NADA DESDE A INFÂNCIA"; "FEREM MEU SENSO ESTÉTICO".

Em seguida, pincei as **dificuldades pessoais** que algumas alunas disseram possuir em relação ao desenho: "NÃO CONSIGO DESENHAR, NÃO TENHO ESTE DOM"; "SAÍA O QUE EU NÃO QUERIA QUE SAÍSSE"; "NÃO SEI DESENHAR "DE CABEÇA"; "SÓ CONSIGO DESENHAR MELHOR SE FOR UMA CÓPIA DE OUTRO"; "NÃO CONSIGO TORNAR A FIGURA PERFEITA"; "FICO FRUSTRADA POR NEM ME APROXIMAR DO REAL"; "NÃO CONSIGO FAZER UM ACABAMENTO PRIMOROSO, QUE FIQUE REALMENTE PARECENDO UMA FOTOGRAFIA".

Estes dois últimos depoimentos evidenciam o que Luquet (1991, p. 128, tradução nossa) já afirmava em seu livro, *Le dessin enfantin*, publicado pela primeira vez em 1927:

> Para o adulto, um desenho para ser parecido, deve ser uma espécie de fotografia do objeto: deve reproduzir todos os pormenores e somente os pormenores visíveis do local de onde o objeto é visto e com a forma que eles tomam deste ponto de vista.

Depois, destaquei **outras dificuldades** apontadas em relação ao desenho, que se referem todas ao material utilizado: várias pessoas se queixaram da dificuldade de ter que fazer o desenho diretamente com canetas hidrocor, porque: "NÃO POSSIBILITA RETOQUES; GOSTARIA DE TÊ-LOS FEITO COM AJUDA DA BORRACHA", afirmando que "FOI DESAGRADÁVEL NÃO PODER FAZER A LÁPIS, VISTO QUE PODERIA CONSERTÁ-LOS" ou que "GOSTARIA DE TÊ-LOS DESENHADO A LÁPIS, QUE POSSIBILITA EFEITOS (SOMBRAS)".

Aqui, é preciso ressaltar que foi minha a exigência de que fizessem os desenhos diretamente com canetas hidrocor. A proibição do uso do lápis tinha a intenção de "forçar" a realização de "desenhos diretos", evitando a não aceitação destes, excluindo também a possibilidade do uso da borracha[10].

Por outro lado, as canetas hidrocor foram escolhidas porque: "[...] seu traço forma um contraste de valor mais violento com o fundo. [...] Em todo caso, não se pode corrigir, e isto é uma vantagem no sentido do desenho direto, quer dizer, sem borracha" (Stern; Duquet, 1961, p. 47, tradução nossa).

Outro aspecto dos relatos que mereceu destaque foram os sentimentos que os desenhos despertaram em suas autoras, sendo que, a maioria dos que foram manifestados

---

10 Aliás, essa postura venho adotando há anos, seguindo o que recomendavam, desde 1961, Stern e Duquet: (1961, p. 47, tradução nossa): "Na opinião de alguns, um desenho não pode ser executado sem ter uma borracha de apagar como auxiliar. Mas, a borracha é o instrumento da renúncia. É cúmplice dos erros e traz consigo a insatisfação, a falta de determinação, tão prejudiciais para a criação. Intervém negativamente no seu desenvolvimento, e abala a confiança. Ainda que o manejo da ferramenta surta o efeito de inspirar confiança [...], a borracha tende, ao contrário, a levar [o desenhador] a desdenhar do que produziu. A possibilidade de apagar se converte em obrigação de apagar [...]".

por escrito, como já apreciamos nos itens anteriores, revela insatisfação: "ME SINTO PÉSSIMA EM RELAÇÃO A ELES" ou ainda, o seguinte depoimento, que parece revelar uma enorme frustração: "SINTO-ME SABEDORA DE QUE JAMAIS SEREI UMA DESENHISTA".

Nota-se, também, que algumas alunas expressam sentimentos de indiferença em relação aos seus próprios desenhos: "NÃO ME TRAZEM NEM ATRAÇÃO NEM REPULSA, APENAS CRÍTICA QUANTO ÀS SUAS IMPERFEIÇÕES". Há, ainda, aqueles depoimentos que denotam, talvez, sentimentos de conformismo, aceitação das próprias limitações: "NÃO QUER DIZER QUE MEUS DESENHOS SEJAM IRRECONHECÍVEIS, MAS SABIA DE ANTEMÃO QUE NÃO FICARIAM SATISFATÓRIOS"; "DEPOIS DE TERMINADOS, PERCEBI QUE NÃO CONSIGO DESENHAR A FIGURA HUMANA SEM MUITAS DEFORMIDADES".

Uma aluna, com certa ironia, afirma: "ME DIVIRTO COM MEUS DESENHOS, ME REPORTO À MINHA INFÂNCIA; PENA QUE NÃO GUARDEI OS DESENHOS DAQUELA ÉPOCA, POIS SE FOSSE COMPARÁ-LOS, ESTARIAM IDÊNTICOS". Este depoimento, de alguma forma, confirma o pensamento de Vygotsky (1982, p. 93, tradução nossa): "[...] os desenhos do adulto que nunca se dedicou a desenhar, se diferenciam muito pouco [...] dos desenhos de crianças de 8 a 9 anos, que é quando termina o ciclo do entusiasmo pelo desenho".

Conhecendo as realidades
Tal mãe, tal filha

Um fato curioso ocorrido com uma aluna por ocasião da realização desse exercício reforça ainda mais tal conceito. Led., 40 anos, naquela noite, trouxe sua filha Bin., de 8 anos, para a escola. No momento de realizar os desenhos, a menina, como a mãe, fez as figuras humanas. Para meu espanto, constatei que os desenhos da menina e da mãe eram absolutamente idênticos, sendo impossível atribuir-lhes a autoria caso não estivessem identificados pelas assinaturas. "Submetendo-se desenhos de adultos ao mesmo exame que o de crianças, não será difícil reunir alguns que não são sensivelmente diferentes dos de uma criança [...] ou mesmo nem lhes equivalem" (Luquet, 1991, p. 159, tradução nossa).

Esse fato corrobora as experiências de Darras (1996), que denomina *imagens iniciais* a estas imagens que parecem **escapar à classificação por idade**. Nesse caso, se por mais incrível que possa parecer, apresentava-se, uma diferença de 32 anos entre a idade da mãe e a da filha.

Como podemos observar, entre as poucas *alunas-já-professoras* que compararam os desenhos das duas figuras, a maioria achou mais fácil desenhá-las com roupa. No entanto, uma aluna pensou diferentemente: "A PRIMEIRA (VESTIDA) FOI MAIS DETALHADA EM FUNÇÃO DE ROUPAS E ACESSÓRIOS; A SEGUNDA FOI MAIS RÁPIDA E FÁCIL DE FAZER". Sobre tal propósito, Buller, citado por Vygotsky (1982, p. 95, tradução nossa), afirma: "Se querem desenhar um homem vestido, procedem do mesmo modo que vestem uma boneca, primeiro o desenham sem roupa, depois o vão vestindo, de modo que, o corpo aparece sob as roupas". A assertiva de Buller pode ser facilmente confirmada em vários exemplos, especialmente no desenho ao lado, no qual se observa esse fenômeno na representação das pernas, que primeiro foram desenhadas e depois "vestidas com a calça".

Resumindo-se as **semelhanças** apontadas pelas alunas na observação de todos os desenhos produzidos pelo grupo, verifica-se que: quanto à **posição**, o mais observado foi o fato das figuras estarem, quase todas, em **posição frontal**. Outras disseram que as figuras estavam **estáticas** e outras ainda se referiram a estarem numa **mesma posição**. Apontaram também o fato da **falta de movimento** das figuras.

Quanto à **configuração**, a primeira observação feita se refere à **desproporcionalidade**, seja entre cabeça e corpo, seja entre corpo e membros.

Depois se observou que o **sexo** das figuras, na totalidade dos desenhos, é inequívoco, embora encontremos casos de representações femininas com calças, e uma com bermuda.

Analisando os desenhos, pude observar, também, que a maioria esmagadora dos desenhos representa figuras femininas. Por outro lado, ainda que uma aluna tenha dito se tratar de representações de **mulheres adultas**, verifiquei o surgimento de muitas representações de meninas e poucas de moças (ou adultas); houve uma aluna que definiu sua figura como tendo "CORPO DE MULHER E CARA DE MENINA".

Nas representações da figura masculina, enquanto que a definição do sexo é clara, a **faixa etária** se tornou mais difícil de estabelecer. Nas figuras sem roupa, a representação de pelos no corpo pode ser indicativa da idade adulta, mas, mesmo assim, a dúvida permanece. Curiosamente, há algumas figuras que, não tendo pelos, parecem de adultos e outras que, ainda que os tenham, parecem de meninos.

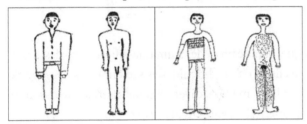

Por outro lado, a "calça curta" poderia ser o indicativo de se tratarem de meninos, mas há um exemplo que, mesmo estando de calças compridas, parece ser a representação de um menino. Assim, em todo o conjunto, temos, provavelmente:
– três meninos:

– quatro adultos, todos parecendo bem jovens:

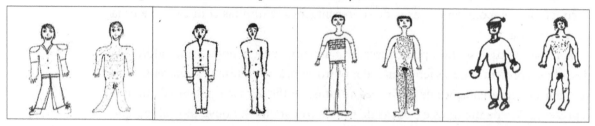

– e um que não se consegue definir exatamente se é menino ou se já um rapaz:

Nesse ponto, é preciso ressaltar que, para se proceder a uma classificação de desenhos de figura humana feitos por "adultos noviços", as dificuldades são enormes. Desenhos de adultos, como vimos, guardam, em larga medida, diversas características do desenho infantil, e mesmo juvenil, encontradas em diferentes idades, correspondendo a muitas fases do desenvolvimento humano. Em geral, características puerís se perpetuam em tais desenhos e, na maioria das vezes, apresentam-se de maneira mesclada entre si e também mescladas a algumas outras formas de representações que seriam mais próprias de desenhos compatíveis com a idade adulta, sendo, portanto, representações de "natureza híbrida" (meio infantis, meio adultos). Como dizem Wallon e Lurçat (1968, p. 55, tradução nossa): "o tipo [de uma fase] anterior, em lugar de ser integrado no novo tipo e desaparecer do desenho, subsiste e o novo tipo a ele se superpõe". Como praticamente não se conhece estudos sobre o desenho do "adulto noviço", torna-se necessário estabelecer paralelos com o desenho infantil para tentar uma classificação.

Assim, mesmo correndo o risco de não acertar de todo, quanto à **classificação** realizada, podemos dizer que o modelo de figura "mais arcaico" que encontramos na amostra de figuras humanas de que dispomos é o desenho representando uma menina cujo corpo ainda apresenta uma **construção ovoide**. A presença do "ovoide" já se nota na figura vestida, mas fica ainda mais evidente na figura sem roupa.

Esclarecendo conceitos
Ovoide

Os "bonecos ovoides", segundo Wallon e Lurçat, são os que primeiro aparecem na representação infantil, quando a criança inicia a representação do tórax nos desenhos, por volta de três anos:

> ao sair das manifestações puramente gráficas das garatujas [...] a criança começa a traçar um círculo fechado ao qual adiciona dois traços mais ou menos paralelos [membros]. [...] um oval fechado representa o alargamento do corpo [...] a este estágio [...] sucedem [...] bonecos em que a massa do corpo está indicada por um ovoide ao qual se superpõe outro menor que corresponde à cabeça. Algumas vezes, ambos estão separados simplesmente por um estrangulamento [sem pescoço]. (Wallon; Lurçat, 1968, p. 48, tradução nossa)

Esse tipo de representação (corpo ovoide-infantil) só encontramos em um caso, mas ambas as figuras (com roupa e sem roupa) têm representado um elemento do desenho adulto, o "pescoço", comprovando o fenômeno da mescla de fases.

Depois temos casos de representação de **menina**, que correspondem ao **tipo geometrizado**, também definido por Wallon e Luçart (1968, p. 51, tradução nossa): "se é um personagem feminino, a criança desenhará [...] um triângulo ou trapézio que representam a saia [...], evidenciado principalmente pela "saia em forma de trapézio" que, em alguns casos, se junta a um retângulo ou a outro trapézio em posição invertida, que representa o tórax". Assim, conforme esses autores, trata-se de "dois triângulos [ou duas formas geométricas] que se tocam pelo vértice [ou pelo lado mais estreito] correspondendo este estreitamento à cintura" (ver tiras de desenhos na página seguinte)..

Entre esses casos, no entanto, encontramos dois em que esses "trapézios das saias" se tornam **mais orgânicos e naturais**, com linhas mais fluidas, representando com mais detalhes pregas e franzidos que, além disso, combinam-se com mangas fofas e franzidas que fazem o modelo dos vestidos. Depois, temos outros exemplos em que o trapézio se alonga e se torna um vestido **tomara-que-caia** e outro em que a saia não é mais um trapézio, mas um "retângulo" em orientação vertical, que representa uma "saia justa".

Em algumas figuras masculinas da amostragem, é possível deduzir que, ao "trapézio feminino" corresponde um polígono trapezoidal, porque este tem uma fenda triangular no meio da base maior que demarca a separação das pernas, quando se trata de "calças curtas". Com essa forma, temos três casos representados, além de mais um que, embora seja de "calças compridas", segue a mesma linha trapezoidal com fenda.

No caso das figuras masculinas vestidas com "calças compridas", ainda dentro do **tipo geometrizado** – proposto por Wallon e Lurçat (1968) –, estas aparecem quase sempre representadas por dois retângulos em orientação vertical: "O geometrismo triunfará e o retângulo ou o quadrado [...] se tornarão característicos do corpo masculino." (Wallon; Lurçat, 1968, p. 51, tradução nossa). Entretanto, destaca-se, entre os desenhos obtidos, uma representação da **figura masculina não geométrica**, com calças compridas mais "soltas" e "fofas", que representa a figura vestida com um *training* (última figura).

Nas representações femininas, temos ainda as que escapam à **classificação trapezoido-geométrica**. São figuras que, mesmo vestidas, já apresentam contornos mais orgânicos, caso coincidente de três figuras que representam mulheres vestidas "à la homem", com representação inequívoca das formas femininas tipo "violão" e trajadas com roupas mais modernas e ousadas.

Nas representações da figura humana feminina, ainda encontramos figuras que escapam do geométrico; duas representações de figuras "meio atarracadas" que parecem oriundas dos modelos de "bonecas para recortar e vestir" com roupinhas de papel, e outras duas, muito esguias e compridas que parecem saídas de revistas de moda, do desenho de estilistas, podendo-se também dizer que são do "tipo Barbie"[11].

É interessante notar que a "geometrização" à qual se referem Wallon e Lurçat (1968), tanto a *trapezoidal*, encontrada principalmente nas representações femininas, quanto a *retangular*, mais comum nas representações masculinas, ambas **tão presentes nas figuras vestidas**, tendem a **desaparecer** totalmente nas figuras representadas **sem roupa**, desenhadas pelas mesmas pessoas que as fizeram geométricas momentos antes. Podemos dizer que, nessas representações sem roupa, o que se encontra, em geral, são figuras humanas completas, plenas, preocupadas com a morfologia de um ser humano: salvo raros casos, a figura ganha inteireza na representação. Isso significa que quando desenhada como silhueta, torna visível todas as partes do corpo humano, é feita com traços mais orgânicos, menos retilíneos. Essas, talvez, sejam as características do "desenho do adulto" imbricadas às já mencionadas características puerís no desenho, que, entretanto, nem todas as *alunas-já-professoras* conseguiram atingir.

Por exemplo, na representação dos membros, ainda verificamos estampadas certas dificuldades que encontramos no desenho de crianças. A propósito, Wallon e Lurçat (1968, p. 53, tradução nossa), advertem: "O difícil [...] é representar as articulações que regem as atitudes e os gestos dos braços". Isso foi o que se observou igualmente nas representações deste estudo com adultos noviços: braços, às vezes, com alguma articulação nos cotovelos, mas sem maiores "gestos", "atitudes" ou "ações". Não houve

---

11 Este tipo de desenho, inspirado pela boneca criada em 1959, obviamente não entrou nas classificações nem teorizações do pesquisador francês Henri Wallon (1879-1962).

nenhum caso em que os braços estivessem inseridos horizontalmente no tórax, formando com este uma espécie de cruz, o que seria, então, uma representação bem mais primitiva. A forma mais primitiva encontrada foram braços retilíneos, mas "oblíquos" em relação ao tronco: "FIZ A FIGURA COM OS OMBROS CAÍDOS (SEM OMBROS)", ou curvos, em forma de "asas de jarro"; estes, podendo estar presos ou não à cintura: "DESENHEI A MULHER COM AS MÃOS PARA TRÁS PARA ESCONDER MINHA DIFICULDADE EM DESENHAR MÃOS". Esta posição, como descrevem Wallon e Lurçat (1968, p. 54, tradução nossa), é uma "inserção mais decorativa do que realista".

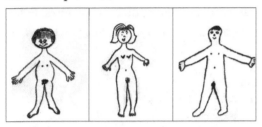 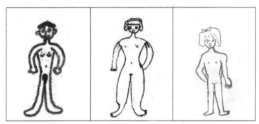

Eu diria, concordando com o que disse a *aluna-já-professora*, que, em se tratando do desenho do adulto, esse é um artifício usado para camuflar dificuldades da representação: desenhar mãos é, de fato, difícil, e uma forma de "escapar" a este desafio é escondê-las atrás, na altura da cintura.

Continuando a análise, temos ainda: braços representados em curvas um tanto convexas, cujas mãos, portanto, afastam-se bastante do corpo; outros braços representados para baixo, que, ao contrário dos anteriores, aproximam-se mais do corpo e, finalmente, alguns totalmente verticais, paralelos e colados ao corpo, os quais marcam fortemente o ombro e, em geral, conferem grande rigidez à figura.

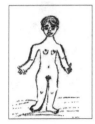 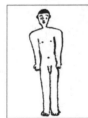

Já os braços curvos tendem a definir menos os ombros, conforme observaram Wallon e Lurçat (1968) em seus experimentos com o desenho da criança: "Estas diferentes relações do corpo com os braços mostram que a criança se depara com o conflito do global, o corpo e as peças separadas que devem nele integrar. Em suma, a representação dos braços sofre diversas influências [...] adotando várias posições possíveis" (p. 55, tradução nossa).

Aliás, com relação à dificuldade de se integrar as partes ao todo, podemos verificar grande número de desenhos, nos quais as partes foram sendo **justapostas** uma a uma, o que fica evidente pelas linhas de separação entre uma parte do corpo e outra. Essas linhas podem ser observadas, por exemplo em, "tronco e braços", "mãos e braços' e "pés e pernas".

 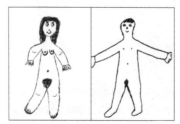 

Nas figuras vestidas, essas linhas traçadas no momento da construção do desenho, que separam partes ou membros do corpo, posteriormente, mostraram-se indesejadas, considerando que, em muitos casos, elas foram "disfarçadas" por detalhes da roupa. Tanto isso é fato que, mesmo na representação da figura sem roupa, feita posteriormente, estes "traços separadores", em muitos casos, tornam a aparecer.

Sobre tal característica, Wallon e Lurçat (1968), e também Vygotsky (1982), afirmam que a criança, quando se dá conta de que as linhas da roupa não coincidem com as linhas do corpo, tenta "encobrir a diferença", pintando a roupa. No entanto, como já afirmamos, nas representações de figuras nuas, um menor número de desenhos apresenta esses traços de separação entre partes do corpo como pedaços justapostos.

Quanto à representação das pernas, conforme já vimos, como em geral os personagens estão todos de pé e em posição frontal, estas não exigem articulações, gestos ou ações complicadas. Por isso, estão representadas de duas formas principais básicas: ou juntas, coladas uma à outra, ou afastadas uma da outra. Só temos uma exceção na representação das pernas, em que a figura apresenta-se em posição de "três quartos" e tem uma das pernas articuladas.

Os pés das figuras, em geral, estão representados de lado, abertos em diferentes ângulos, o que faz com que se apresentem em "maior ou menor perspectiva", em "menos ou mais escorço" ou em "posição totalmente frontal", sem "escorço nem perspectiva".

 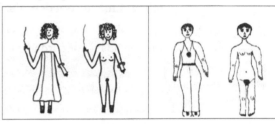

Além do mais, na maioria dos desenhos, os pés estão orientados em direções opostas, "um para cada lado", havendo poucas exceções em que se encontram orientados "ambos na mesma direção". Existe, ainda, uma terceira possibilidade, em que "um pé difere da orientação do outro", conferindo à figura uma postura um pouco "menos rígida", mais natural (ver tira de imagens na página seguinte).

  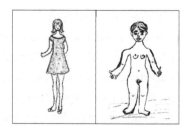

Concluindo a análise, pode-se dizer que todo esse conjunto de desenhos de figuras humanas, de fato, como suas autoras observaram, está muito longe daquele desejo idealizado de "representação fotográfica" que encontramos enraizado na maioria dos adultos noviços: "TODOS TÊM AS MESMAS CARACTERÍSTICAS BÁSICAS, APRESENTAM RIGIDEZ NA ESTRUTURA"; "EM GERAL OS CONTORNOS ESTÃO FORA DO PADRÃO ANATÔMICO" ou: "TODOS OS DESENHOS PARECEM QUE FORAM FEITOS POR APRENDIZES".

Por outro lado, não se pode afirmar que alguma dessas figuras da amostragem seja, realmente, um desenho pessoal. Ainda que situando-se em diferentes categorias, apresentando aspectos diversificados e, às vezes, até uma "certa personalidade", sinto-me forçada a concordar com o que dizem algumas alunas: "DESENHAR FIGURA HUMANA É COMPLICADO"; "OS DESENHOS NÃO GUARDAM BEM AS PROPORÇÕES REAIS E AS FORMAS NÃO FICAM PERFEITAS"; "APESAR DE CONVIVERMOS COM VÁRIOS TIPOS HUMANOS QUE SERVIRIAM DE EXCELENTES MODELOS, É MUITO DIFÍCIL EXECUTAR O DESENHO COM PERFEIÇÃO" e, principalmente: "SÃO DESENHOS PRATICAMENTE COPIADOS DE TANTOS MODELOS JÁ VISTOS ANTERIORMENTE".

Assim, podemos afirmar que todas as imagens produzidas nessa etapa, sem exceção, são imagens conhecidas de todos, portanto, imagens recebidas.

Para atenuar a "insatisfação generalizada" que se apresentou, especialmente nesse tipo de desenho, propus, então, uma alternativa: **o desenho de figuras humanas a partir da observação de suas silhuetas**, que será relatado a seguir.

1º momento: atráves da **observação** do corpo das colegas (organizadas em dois grupos: um posava enquanto outro desenhava), obter suas silhuetas.

Apresento, a título ilustrativo, alguns exemplos de silhuetas que não foram preenchidas, para que o leitor possa visualizar o aspecto delas antes de serem completadas.

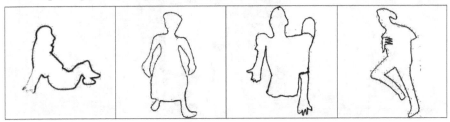

2º momento: preencher as silhuetas desenhadas usando a **imaginação**, com cinco possibilidades:

    i. Preenchimento interno – completar com detalhes diversos (feições, roupas etc.) a forma da silhueta. O que se observa nos desenhos resultantes dessa proposta é que as silhuetas – no início apenas formas que lembram seres humanos – imediatamente adquirem identidade, as figuras ganham movimento e vida, transformando-se em personagens: "é muito gostoso observar uma pessoa, fazer seu contorno e completar".

Disponível no encarte em cores.

    ii. Preenchimento externo – as silhuetas agora devem ser inseridas num contexto, estar em algum lugar, fazer algo; sua configuração deve sugerir o entorno. Poderiam também ser colocados objetos nas mãos (arco e flecha) ou nos pés dos personagens (prancha de *surf*), e mesmo na cabeça. A única restrição feita era que as silhuetas deviam se conservar como silhuetas "em branco", que nada fosse trabalhado no seu interior (ver tiras de imagens na página seguinte).

Desenhando com todos os lados do cérebro

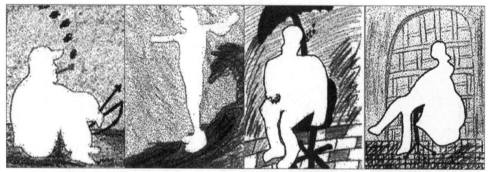

Disponível no encarte em cores.

iii. Preenchimento pleno – completar as silhuetas **tanto por dentro quanto por fora**, contextualizando-as. Agora, as silhuetas, de fato, tornam-se mais humanas: são personagens que se movimentam, agem, vivem em um espaço imaginado e chegam, inclusive, a falar, como se observa na primeira imagem da tira.

"PELAS DIFERENCIADAS PROPOSTAS DE DESENHO SOBRE O CORPO HUMANO, OBTIVE UM POSITIVO E INESPERADO RESULTADO"; "OS DESENHOS DE SILHUETAS HUMANAS FORAM MAIS FÁCEIS; O USO DE MODELOS ME DEU MAIS SEGURANÇA".

Disponível no encarte em cores.

iv. Preenchimento abstrato pleno – aqui a silhueta não perde a sua condição de silhueta, mas está inserida em um espaço imaginário, onde tudo são formas, texturas e cores. Destaca-se, ao mesmo tempo em que se confunde.

"GOSTEI MUITO DOS DESENHOS OBSERVANDO O CONTORNO HUMANO E, DE RECRIÁ-LOS USANDO TEXTURAS E FORMAS DIVERSAS"

164   As transformações do recebido

"GOSTEI DE FAZER O ABSTRATO, UMA FORMA DIFERENTE DE EXERCITAR E ESTIMULAR A CRIATIVIDADE".

Disponível no encarte em cores.

v. Transformação da silhueta humana em um animal – a silhueta agora, pela sua forma, deve provocar associações com formas de animais. Assim, a abertura das pernas das silhuetas humanas foi, por vezes, associada a "bocas de feras" (**dragão**), e a "bico de pássaro" (**flamingo**). Braços e pernas humanas foram associados a "asas" e "rabo" de pássaro (**urubu**). A silhueta em pé, em posição frontal, foi associada a animais que se sustentam em "duas patas" (**gato**).

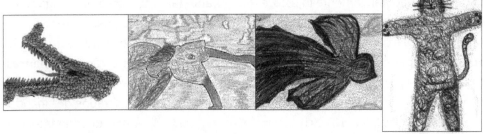

Disponível no encarte em cores.

Há ainda a destacar uma silhueta que se desdobra em "duas feras" (**onça pintada** e **onça preta**) e uma que se metamorfoseia em um ser estranho, meio homem, meio pássaro, com crista na cabeça e vestido com saias, tendo múltiplos braços (**bicho inventado**).

Observe-se que, na maioria dos casos, a silhueta humana, para se transformar em animal, sofreu rotações de 45º (**onça pintada** e **onça preta**) e 90º (**flamingo**, **urubu** e **dragão**).

Disponível no encarte em cores.

Desenhando com todos os lados do cérebro 165

Por considerar que é suficiente a eloquência das imagens apresentadas, prefiro, aqui, para finalizar a narrativa desta etapa de **transformação do desenho de figuras humanas**, apresentar apenas os depoimentos das *alunas-já-professoras*:

"NA HORA VEIO UM DESÂNIMO PORQUE ACHEI QUE NÃO IA CONSEGUIR NADA";

"PERCEBI QUE JÁ ME SOLTEI BASTANTE E ESTOU MAIS SEGURA EM MEUS DESENHOS";

"TRAÇANDO LINHAS FIGURATIVAS E ABSTRATAS, CONSEGUI FUGIR DOS ESTEREÓTIPOS".

"NAS PROPOSTAS DE PREENCHIMENTO ME SENTI SEGURA, POIS NÃO PRECISEI ME PREOCUPAR COM OUTRA COISA A NÃO SER SOLTAR A IMAGINAÇÃO".

Conhecendo as realidades
Três exemplos de mudança de postura pedagógica

Para ilustrar as novas posturas pedagógicas que muitas de minhas *alunas-futuras-professoras* ou *já-professoras* começaram a adotar em seus locais de trabalho, tentarei reproduzir, resumidamente, três dos depoimentos que me foram confiados oralmente. Valorizar tais depoimentos é importante, pois, segundo Goodson (1995, p. 71): "surpreendente, se não francamente injusto, é que durante tanto tempo os investigadores tenham considerado as narrativas dos professores como dados irrelevantes".

O primeiro é o de **Sum.**, aluna, já professora, vinda de outro estado e que trazia consigo a experiência de ter produzido uma cartilha de alfabetização para crianças, toda ilustrada por ela própria. Quando, logo no início das aulas, expus minha opinião contrária aos desenhos estereotipados, ela imediatamente se contrapôs, desafiando-me ao afirmar que eu "JAMAIS CONSEGUIRIA MUDAR SUA FORMA DE PENSAR" que, de fato, era radicalmente oposta à própria. Aceitei o desafio e, em pouco tempo, o resultado apareceu. **Sum.** tinha insuspeitadas habilidades para os desenhos de criação, e foi capaz de realizar significativas transformações na sua "maneira estereotipada" de desenhar. A transformação que operou no desenho estereotipado de um peixe está entre os melhores e mais bonitos exemplos que obtive no período das pesquisas.

No início, aparece o peixe "quase oito" deitado. No segundo desenho, a aluna o repete, mas capricha mais nos detalhes: "COLOQUEI UMA BOQUINHA CARNUDA, EM FORMA DE

CORAÇÃO", demonstrando que ainda estava presa às representações estereotipadas/recebidas". No terceiro, faz o que chamou de "UMA BALEINHA". Aí reflete e escreve: "SERÁ QUE SE EU FIZER UM 'PEIXE GENTE', MEU PEIXE FICA DESESTEREOTIPADO?" Então, desenha o que parece ser uma sereia: corpo de peixe e cabeça de gente. No último, é onde se observa o grande "salto criativo". Desenha um peixe que explode em formas e cores, em suas muitas "guelras" e "rabo".

Quando **Sum.** se descobriu como um "ser criador" passou a oferecer mais oportunidade de criação aos seus alunos, ainda que trabalhasse em uma escola muito tradicional, que adotava amplamente os desenhos estereotipados na sua rotina diária. Certo dia, relatou-me que, na escola em que lecionava, todas as provas e os testes das crianças vinham mimeografados e ilustrados com desenhos recebidos, sendo muito frequente a inserção de cenas do "universo Disney" nos referidos trabalhos, imagens que as crianças eram obrigadas a colorir. Em certa ocasião, as folhas de provas vieram ilustradas com o conhecido Pato Donald e seus sobrinhos.

Disponível no encarte em cores.

Sum., que, a partir de minhas aulas, naquele momento já não apreciava mais aquele tipo de imagens, inventou uma estratégia para conciliar suas novas ideias com a tarefa obrigatória: incentivou os alunos, depois de colorirem a imagem dada, a "desenhar livremente" nas margens em branco, que existiam nos quatro lados do papel de prova. Ainda que aquele espaço fosse bastante reduzido para o desenho, ela conseguiu descobrir uma maneira de **contornar as limitações** a que ela e as crianças estavam submetidas. Assim, passou a adotar sistematicamente essa prática do desenho livre nas margens dos "trabalhinhos" das crianças, convencida que estava, então, da importância de tal atividade.

Outra história marcante que me lembro de ter ouvido, veio de outra aluna-já-professora, **Ice.**, que, por coincidência, trabalhava na mesma escola que **Sum. Ice.**, logo após ter vivenciado comigo o exercício da "flor inventada", resolveu adaptá-lo a uma situação de sala de aula.

Conforme me relatou, era primavera e, por isso, todas as crianças na escola deveriam fazer uma flor. O modelo, fornecido pela coordenação da escola, tratava-se, evidentemente, daquela conhecida forma – um miolo redondo, contornado com

Usando a imaginação agora seremos inventores e vamos criar algo que não exista

– Para que serve?
Limpar, arrancar e alisar e pode ir na água
– Como poderíamos chamá-la?
Broncoco
– De que material será construída?
Aço e borracha

Usando a imaginação agora seremos inventores e vamos criar algo que não exista

– Para que serve?
Para dar mais leite
– Como poderíamos chamá-la?
Vincariuda
– De que material será construída?
Carne e osso

pétalas – que deveria ser multiplicada pelas professoras em número igual ao de seus alunos e, depois de colorida e recortada por eles, deveria ser afixada no topo de um palito de churrasco, à guisa de caule.

O trabalho das professoras era, portanto, reproduzir o modelo em cartolina, mandar as crianças pintarem e depois recortarem, pelo contorno. No entanto, Ice., estimulada pela ideia de "criar uma flor", em vez de reproduzir o modelo dado, decidiu distribuir cartolinas coloridas "em branco" para que, os alunos criassem, cada um o seu próprio modelo de flor, que seria igualmente fixada no palito de churrasco. Ela e seus alunos estavam encantados com a liberdade de criar flores fantásticas. Ao final da aula, eles estavam satisfeitos com as flores que haviam conseguido inventar. Entretanto, na saída, depararam-se com os alunos das outras turmas, que tinham feito as flores segundo o modelo estabelecido pela escola – portanto **todas** iguais. As flores dos alunos de Ice. despertaram a atenção dessas outras crianças, que as consideraram "muito feias, disformes, diferentes demais" e começaram a zombar delas. Os alunos de Ice., que estiveram tão felizes, perderam a confiança em si mesmos, passaram a se sentir envergonhados e alguns, segundo ela, começaram mesmo a chorar, decepcionados com a crítica generalizada dos demais. Tentando acalmá-los, ela os reuniu, em separado, para dizer-lhes da importância de terem feito uma flor diferente, única, que ninguém tinha igual. De fato, a professora conseguiu tranquilizá-los antes de irem para casa. Entretanto, no dia seguinte, Ice. foi advertida pela direção da escola para que não mais fizesse trabalhos diferentes dos determinados, visto que isso causava **muito tumulto** na hora da saída.

Para ilustrar os efeitos e a influência do método de transformação dos desenhos recebidos na prática das *alunas-já-professoras*, incluo ainda aqui alguns exercícios que uma outra aluna, **Mag**., criou para seus alunos realizarem na escola onde ela trabalhava, depois de ter vivenciado o processo comigo. Entusiasmada com a abolição dos desenhos estereotipados que conseguiu promover nos testes e provas das crianças, cedeu-me esses exemplos para, se eu quisesse, "utilizar na minha futura tese ou livro", segundo suas próprias palavras.

3.3
Desenhos pessoais

Realizadas todas as etapas dos exercícios até aqui descritos, propus, então, um último exercício, de caráter bem mais livre, se comparado com os anteriores, mais dirigidos. Antes de realizá-lo, foram relembrados os caminhos sugeridos nos exercícios anteriores e as ações já experimentadas. Pedi que escolhessem livremente, então, um outro desenho estereotipado encontrado no ambiente escolar para transformar. Essa transformação deveria ser feita por meio de desenhos sucessivos, em número não estabelecido, quantos fossem necessários. Solicitei, também, que inventassem outras possibilidades, para conseguir "desestereotipizar" os desenhos, transformando um "desenho estereotipado ou recebido" em um "desenho pessoal".

Resumo da proposta dos desenhos pessoais

Escolher algum outro desenho recebido para transformar. Aplicar livremente as possibilidades já experimentadas nas propostas anteriores, podendo exercitá-las separada ou combinadamente. Tentar inventar novas modalidades de transformação do desenho recebido, sem se afastar do objetivo: transformar o desenho recebido em um desenho pessoal.

Nesse último exercício, os temas preferidos para transformar foram: **coqueiro** e **árvore** em primeiro lugar; em seguida **peixe** e **casa**, depois **barco**, **borboleta**, **estrela**, **sol** e **gato**. Os exemplos serão apresentados na sequência e nesta ordem.

Foi pedido, também, às *alunas-já-professoras* que, depois de concluir seus processos de transformação dos desenhos, tentassem descrevê-los, recuperando as etapas vivenciadas. Nas descrições que acompanham os desenhos, verificamos que os enfoques, as motivações e as ações descritas foram bastante diversificadas e enriquecedoras.

No primeiro exemplo, para a transformação, foi escolhido um **coqueiro** monocromático; observa-se que a aluna, depois do estereótipo de coqueiro, tenta uma representação mais aproximada com a realidade: "imaginei como seria um coqueiro de verdade". Em seguida, resolve mudá-lo e considera que o vento pode ser o agente transformador: "imaginei como seria o coqueiro numa ventania". Nesse terceiro desenho, seu traço começa a mudar, e também as formas, que vão ficando mais soltas, ao mesmo tempo orgânicas e estilizadas: "comecei a gostar mais da minha imaginação". No quarto e último desenho, a própria aluna parece surpreender-se com seus traços, agora soltos, livres: "parecia que o lápis corria mais livre e que a imaginação estava tomando conta de mim". E conclui seu relato como se tivesse descoberto o caminho para a transformação dos desenhos: "acho que o caminho é mesmo tentar imaginar a realidade".

No segundo exemplo de **árvore**, temos uma representada nas cores "reais", e o processo difere muito do anterior. O primeiro desenho apresenta características recebidas: desenho linear, a cor do contorno se fazendo passar como "forma colorida"; a copa da árvore, de cor verde, feita em forma fechada com curvas sucessivas; o tronco marrom, representado por duas linhas mais ou menos paralelas e a grama verde representada por pequenas linhas quebradas. O segundo desenho da sequência, de formas um tanto mais orgânicas, pouco acrescenta ao primeiro. É só no terceiro que se começa a observar "modificações reais", que, aliás, parecem se estabilizar em seguida: a partir daí, o desenho da árvore não mais se modifica, ele é repetido por mais três vezes, ainda que, com pequenas variações, especialmente no traçado minucioso da ramagem: "DEPOIS DE PASSAR POR VÁRIOS MOVIMENTOS RÍGIDOS [1° E 2° DESENHOS], FUI SAINDO DAS LINHAS CURVAS E PARTINDO PARA OUTROS TIPOS DE TRAÇOS, MAIS ELABORADOS".

Entretanto, é nessas "pequenas variações" que se pode observar um crescimento na representação: a árvore torna-se forte, robusta. A parte superior ao tronco se multiplica em muitos galhos, e a copa da árvore passa a ser objeto de grande detalhamento: incontáveis folhas minúsculas vão compondo a ramagem, até que a árvore aumenta, tanto em altura como em largura, e a aplicação da cor se intensifica, é feita com preciosismo, revelando o grande envolvimento da pessoa que a desenhava: "PERCEBI QUE, COM CALMA PARA DESLOCAR A CANETINHA, VAGAROSAMENTE, A ÁRVORE PARECE TER ADQUIRIDO MAIS VIDA, POIS FIZ CADA PASSO DELA COMO UMA PARTE DE MIM MESMA".

Passemos agora à análise dos desenhos de outros temas.

O processo de transformação de um **peixe** começa em seu esquema mais simples, o "quase oito deitado": "SAIU AQUELE OITO HORRÍVEL, SEM EXPRESSÃO, SEM DETALHES, SEM

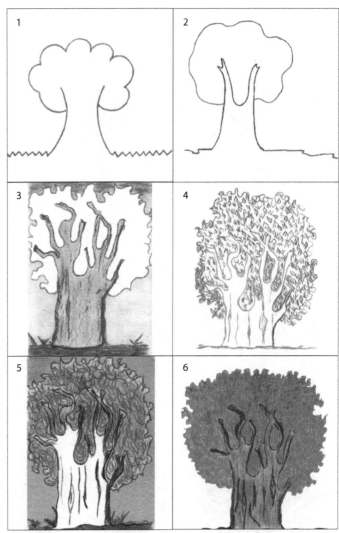

Disponível no encarte em cores.

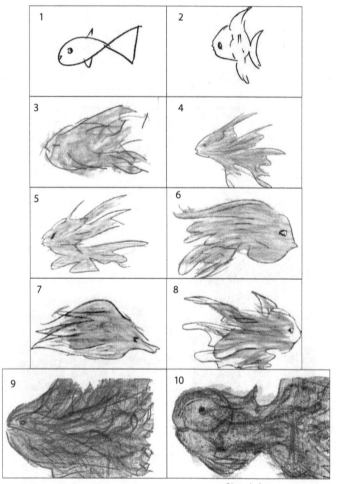

Disponível no encarte em cores.

movimento". O segundo desenho tenta incluir mais alguns detalhes: "PENSEI NA BOCA, NAS NADADEIRAS QUE O PRIMEIRO PEIXE NÃO TINHA". A partir do terceiro começaram a ser realizados traçados "mais soltos", "gestuais" representando o peixe em vários momentos do nado. Esses traços impressionam pela leveza. Apesar de terem sido produzidos com lápis de cera, um material duro e rústico, a aluna consegue resultados de grande beleza plástica: "EM SEGUIDA SAIU UM PEIXE MEIO SEM FORMA, GOSTEI E ACHEI, ENTÃO, QUE DEVERIA TER MENOS FORMAS E MAIS RABISCOS".

Para representar os olhos, a aluna usa um artifício bem curioso: faz apenas uma pressão com a ponta quebrada do lápis de cera, no local onde estes devem ser inseridos. Nos dois últimos desenhos de peixe, também realizados em tamanho maior, o tratamento gestual continua, ainda que com um pouco mais de controle e vigor; estes peixes apresentam, agora, um colorido exuberante: "COMECEI A CRIAR O MEU TIPO DE PEIXE; FOI NESSE MOMENTO QUE ME SENTI LIVRE PARA ELABORAR UMA COISA MINHA".

Em um processo de transformação desenvolvido para o tema **casa**, o primeiro desenho, conforme solicitado, é o desenho recebido de uma casa. No segundo, há uma tentativa de modificar os "traços" que, aliás, verifica-se em todos os demais desenhos: "SENTI-ME COMO SE ESTIVESSE APRISIONADA; IMAGINEI MODIFICAÇÕES EM MEU DESENHO, MAS NÃO SABIA COMO COLOCÁ-LAS".

A aluna prossegue, comentando sua necessidade de observar o real: "LOGO SENTI NECESSIDADE DE TER UMA CASA DE VERDADE PARA OBSERVAR". Porém, o padrão de desenho de casa continua, o que vai se diversificando são os traços que, a cada novo desenho, vão ficando mais soltos, as cores vão se misturando e, também, trocando de lugar. Por outro lado, as cores aplicadas de forma "chapada" no primeiro desenho, já a partir do segundo, são aplicadas "como traços", conferindo diferentes texturas às partes da casa e do solo, e assim continuam até o final do processo: "TENTEI INVENTAR ALGO QUE PUDESSE MODIFICAR UM POUCO AQUELA CÓPIA E ISSO ME LEVOU A PENSAR UM POUCO MAIS". No entanto, do segundo ao sexto desenho, a forma recebida da casa persiste: "FIZ UM ESFORÇO MUITO GRANDE PARA TENTAR FAZER ALGO MEU, COM FORMAS E LINHAS DIFERENTES". No sétimo desenho é que a forma começa a se desintegrar: "PARTI COM TODA VONTADE PARA FAZER UMA CASA TOTALMENTE MINHA. FIZ MUITAS LINHAS E TENTEI UNI-LAS COM MINHA IMAGINAÇÃO". No oitavo e último desenho, a casa se transforma "quase em uma abstração": o que se pode vislumbrar de concreto são as janelas, mas o todo consiste em um retângulo construído com um imbricado de linhas superpostas e cruzadas: "FICARAM UM POUCO CONFUSAS NO INÍCIO, MAS DEPOIS FORAM TOMANDO FORMA E COMEÇARAM A SATISFAZER MEU EGO". Esse processo, como os demais, é único, e o caminho percorrido, extremamente pessoal.

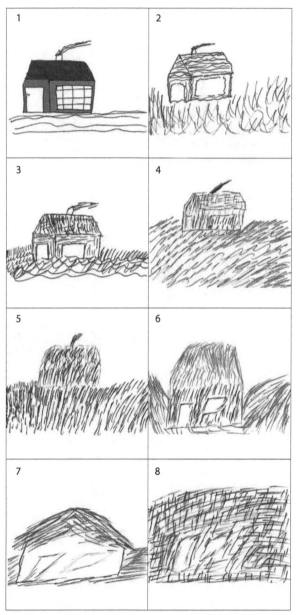

Disponível no encarte em cores.

Desenhando com todos os lados do cérebro

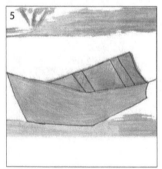

Disponível no encarte em cores.

Vejamos agora o exemplo de transformação de um **barco** recebido: de início sua autora declara ser o primeiro: "um desenho de barco que aprendi a fazer quando criança, na escola do interior". Depois, a aluna faz uma jangada, mas acha que está retrocedendo: "no segundo houve uma preocupação de criar mais, mas parece que retornei ao primeiro desenho, com modificações". Em seguida fez dois barcos representados com formas geometrizadas assimétricas: "procurei me libertar mais e fiz barcos de madeira, com vela". No quinto e último desenho, observa-se uma "canoa" em uma bonita estilização, apresentando uma perspectiva distorcida, quase à "maneira cubista", realizada em "papel maior": "procurei atribuir aos barcos situações além do navegar". Faltou mencionar que esta série de barcos foi toda colorida com lápis de cor, em tons muito suaves e uniformes, sendo também de grande beleza plástica.

Em seguida, temos o exemplo de uma **borboleta**, que começa sendo representada da mesma forma que todas as borboletas recebidas: um corpo ovoide alongado, duas asas em forma sinuosa, inseridas uma de cada lado do ovoide, bolas coloridas enfeitando as asas e duas antenas finalizadas por bolinhas. Depois, como a *aluna-futura-professora* mesma diz, "partindo do estereótipo fui tentando tirar a rigidez do desenho". Assim, nos três desenhos subsequentes, sua autora mantém uma estrutura em "X", que representa corpo e asas da borboleta, mas, as linhas de contorno vão sendo modificadas, sendo ora quebradas, ora sinuosas, ora enlaçadas: "TIVE DIFICULDADE DE SOLTAR O DESENHO, TENDO QUE RECORRER AO USO DE MUITAS LINHAS E CORES PARA OBTER UM MELHOR RESULTADO; A UTILIZAÇÃO DAS CORES DENTRO DO DESENHO ME DEU MOTIVAÇÃO PARA NOVAS FORMAS".

No quinto e último desenho, a aluna abandona a estrutura em X e faz novas tentativas com linhas, formas e cores, as quais, no entanto, têm apoio naquilo que representa o corpo da borboleta: "UNINDO O LÁPIS CERA COM O HIDROCOR, COMECEI A INVENTAR; A PARTIR DAÍ, PERCEBI UM CRESCIMENTO COM MUITO MAIS ESTILIZAÇÃO".

No exemplo seguinte, a primeira **estrela** representada é uma estrela de seis pontas, resultante da superposição de dois "triângulos invertidos", a chamada *Estrela de David*, símbolo do povo judeu, portanto, uma estrela recebida e, ao que parece, segundo fala da aluna a mais fácil de se desenhar: "AO DESENHAR A PRIMEIRA ESTRELA ME SENTI NUMA ROTINA". No segundo desenho a aluna faz uma estrela de cinco pontas, que já exige mais controle da forma, por não contar com o apoio geométrico dos dois triângulos. Esta estrela é preenchida com linhas paralelas coloridas, que ela chamou de *desenho ideal*: "PENSEI, REPENSEI E FIZ UM DESENHO QUE CONSIDEREI IDEAL". No terceiro desenho, ela abandona as formas recebidas de estrela e parte de um centro de onde desenvolve uma "espiral" que, depois, continua em traços retilíneos que se transformam em "linhas quebradas", com pontas assimétricas: "SENTI NECESSIDADE DE SOLTAR O DESENHO". Depois, faz mais dois desenhos: primeiro uma representação radial que poderia ser a

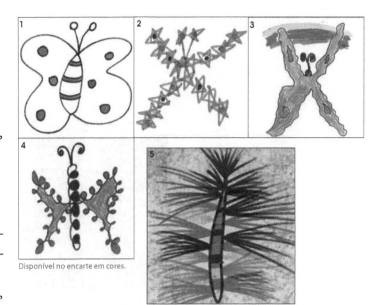

Disponível no encarte em cores.

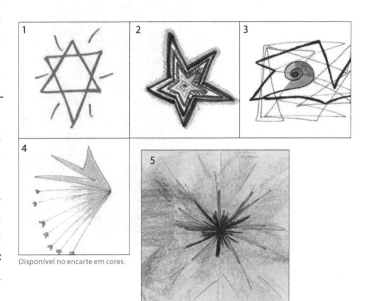

Disponível no encarte em cores.

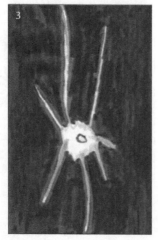

Disponível no encarte em cores.

tradução da luz da estrela, mas desloca o seu centro para o lado direito do papel, como se a luz se irradiasse só para um lado, e depois, no último desenho, o centro é retomado, mas a luz é representada de maneira mais difusa. Essa luz espargida é mais escura no centro e vai se amenizando em tons pastéis, perdendo também a intensidade dos traços, que ficam mais suaves na medida em que se distanciam do centro: "DEPOIS, FIZ TRAÇOS MAIS INDEFINIDOS, MAIS PRÓPRIOS, MAIS LIVRES".

Em outro exemplo de **estrela**, a aluna, em apenas três desenhos, realizou a transformação solicitada. Primeiro faz um desenho convencional, recebido: uma estrela de cinco pontas, pintada em azul-marinho. Depois, busca formas de luz brilhando em contraste com o fundo, no qual coloca um colorido bem escuro e chapado, representando o céu à noite. Em seguida, ainda utilizando o contraste entre figura e fundo, faz algo bastante inusitado quando se trata de desenhos recebidos: desenha em amarelo uma estrela de formato muito diferente, faz um centro redondo, minúsculo, mas bem destacado em contorno escuro, pintado de amarelo e o inusitado: deixa o interior da estrela em branco, colorindo apenas o fundo para destacá-la. Como já vimos anteriormente, quase nunca se colore o fundo quando se trata de desenhos recebidos e aqui, além de tudo, a *aluna-já-professora* opera uma inversão: o fundo passa ser a figura, já que a parte que não foi pintada é que a deixa entrever a figura da estrela[12].

---

12 Infelizmente não disponho das considerações escritas dessa *aluna-já-professora*.

176 As Transformações do Recebido

Outro exemplo de transformação é o **sol**. No primeiro desenho, como diz sua autora: "FIZ O MAIS PURO ESTEREÓTIPO". Isso significa um sol redondo, com raios retilíneos em volta e uma "carinha" no centro[13]. No segundo, a aluna representa a luminosidade do sol, seu clarão triangular e amarelo: "TENTEI DESESTEREOTIPIZAR USANDO A GEOMETRIA". Em seguida tenta uma representação mais estilizada do sol: "TENTEI FAZER UM SOL DIFERENTE". Depois faz uma mancha de cor e diz: "OBSERVANDO, NOTEI QUE O SOL É UM INÍCIO, E QUE CONFORME SE APROXIMA DE NÓS ELE SE EXPANDE, SENDO UMA COISA SÓ." Em seguida, faz um losango vermelho rodeado de amarelo e comenta: "FIZ UM TIPO DE SOL FANTÁSTICO, DIFERENTE, EXTRAORDINÁRIO". No sexto, retorna a uma representação mais convencional, um tanto estilizada, mas ainda assim recebida, e afirma ter usado: "UM OUTRO PONTO DE VISTA". Depois, faz uma série de linhas curvas um tanto paralelas em movimentos descendentes, superpondo as vermelhas às amarelas e diz: "NESTE DESENHO USEI UM PONTO DE VISTA SÓ MEU". No último desenho da série, o único que não se prende às cores amarela e vermelha, faz um emaranhado de traços e cores, onde além das cores comuns nas representações do sol, também se observam as cores azul, verde e violeta: "TENTEI FAZER COMO EU GOSTARIA QUE O SOL FOSSE: UMA CHUVA DE RAIOS COLORIDOS".

---

13 Muitas vezes, as carinhas do sol também são representadas usando "óculos escuros!"

Disponível no encarte em cores.

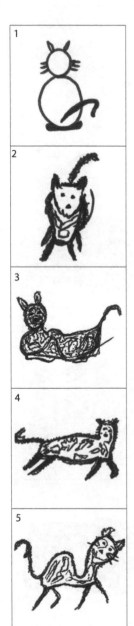

O exemplo a seguir, de transformação do **gato**, é muito interessante. Aqui, provavelmente, a aluna o tenha escolhido por lembrar dos desenhos indutivos propostos no início do processo. Vemos, então, no primeiro desenho, um autêntico estereótipo: o gato "desenhado de costas", com dois círculos tangentes sobrepostos, em forma de oito, ao qual só acrescenta: no círculo menor (a cabeça), "orelhas" e o "final dos bigodes" e, no círculo maior (o corpo), insere o "rabo". Certamente também inspirada em procedimentos sugeridos no exercício já realizado do elefante, a *aluna-já-professora* faz o gato "visto de frente", e coloca-lhe uma "textura de pelos", rompendo não só com a linha de contorno que deixa de ser mecânica, mas com as formas sem preenchimentos, duas das características dos desenhos recebidos, como vimos. Depois, faz o gato visto "de um lado" e "de outro". Por fim, por sugestão minha, representa um gato com "molejo no corpo". O resultado é surpreendente: a representação do gato, de fato, deixa de ser recebida e passa a ser extremamente pessoal.

Desnecessário e talvez, até redundante será tentar fazer agora novas ilações sobre esse último exercício, concebido como a culminância do método. Os exemplos apresentados servem para: demonstrar a pertinência dos processos de transformação, a relevância do material enquanto recurso didático, tornar concreta a modificação dos desenhos recebidos e, através dos depoimentos, avaliar as mudanças de postura pedagógica, ou, pelo menos, as "intenções" de mudança dessas posturas.

Esses desenhos pessoais, tanto quanto os demais, são eloquentes e parecem falar por si. Para mim, eles são o testemunho vivo da eficácia do *Método de transformação dos desenhos recebidos*.

Conhecendo as realidades
Entrevistas com três professoras atuantes nas séries iniciais do ensino fundamental

Em agosto de 1994, realizei entrevistas com algumas das *alunas-já-professoras* do grupo de pesquisa para o doutorado, abordando a questão do **uso dos desenhos recebidos da imageria escolar em suas práticas docentes**. A técnica de entrevistas foi considerada importante para abordar, por um "outro prisma", suas experiências em relação aos desenhos recebidos e dar-lhes oportunidade para relatar suas vivências enquanto profissionais, além de possibilitar aprofundamento de alguns conhecimentos sobre o tema pesquisado. Ao longo das entrevistas, foram confirmadas, inclusive, muitas das assertivas colocadas no texto que publiquei sobre o assunto em 1995.

No caso, queria verificar a relação que mantinham com as imagens recebidas escolares em sua prática docente. Em resumo: **o que pensavam a respeito dos desenhos recebidos, que usos faziam de tais imagens, como se relacionavam com elas e, pela reflexão, tentar levá-las a uma conscientização sobre o problema**.

Desde as pesquisas-piloto, não desejava utilizar a expressão *desenhos estereotipados*, porque a considerava com forte conotação pejorativa. Além disso, muito possivelmente, essa expressão poderia também dar a perceber minha posição contrária a tais imagens o que, por se tratar de uma situação de pesquisa, seria de todo indesejável. Assim, não encontrei palavras adequadas para comunicar às pesquisadas a que tipo de desenhos eu me referia. Como alternativa, utilizei as expressões: *desenhos prontos*, *desenhos mimeografados* e *desenhos carimbados*, o que levou a distorções em algumas das respostas, evidenciando uma não compreensão do objeto de pesquisa. Assim, a conclusão a que cheguei foi que, na falta de palavras adequadas para elucidar o objeto de estudos ao respondente, eu deveria utilizar imagens em lugar de tentar nomear ou adjetivar de outros modos os desenhos estereotipados.

Assim, de inicio, apresentei às entrevistadas algumas imagens recebidas escolares. Isso facilitou enormemente a comunicação, que ocorreu de forma imediata e sem distorções.

As imagens ao lado foram selecionadas no banco de imagens constituído durante o meu doutorado. Elas foram consideradas significativas, pois verifica-se que todas apresentavam a mesma característica (uma das principais encontrada nas imagens recebidas escolares): a humanização (de objetos, plantas, e animais). Nessas imagens, particularmente, a humanização foi obtida, seja através da inserção de feições humanas, colocação de rosto e/ou membros humanos nos objetos, ou "vestindo" os animais com roupas e adereços humanos. Selecionar tais imagens para apresentar aos entrevistados não foi processo dos mais fáceis, pois, ainda assim, "havia riscos", como alertam Selltiz et al. (1975, p. 308): "Uma figura representa uma situação concreta; se o pesquisador está interessado em atitudes gerais, pode verificar que as respostas são influenciadas por minúcias específicas das figuras que apresenta".

Conhecimento prévio das imagens apresentadas

Logo nas respostas à primeira pergunta, obtém-se uma já esperada unanimidade: todas as três entrevistadas já haviam visto imagens como as que estavam sendo mostradas: **Ali.**: "JÁ AS VI EM ALGUM LUGAR; PARECEM SER BASTANTE FAMILIARES... EU ATÉ TENHO UMA LÁ NA MINHA SALA QUE SE PARECE COM ELAS". **Syl.**: "JÁ VI SIM, EM LIVROS DIDÁTICOS PARA PROFESSORES, EM MATERIAIS DE SUGESTÕES DE TRABALHOS PARA CRIANÇAS; EM QUASE TUDO QUE É LIVRO TEM IMAGENS ASSIM COMO ESTAS". **Ige.**: "A GENTE AINDA VÊ A MAIORIA DOS PROFISSIONAIS TRABALHANDO COM ISSO".

Apreciação das imagens recebidas

Independente das posições pessoais e pedagógicas que as entrevistadas manifestaram em relação às imagens estereotipadas, ao longo das entrevistas, todas admitiram, com maior ou menor ênfase, apreciar tais desenhos. Assim, **Syl**. diz: "ACHO

BONITINHOS, LINDOS, MAS NÃO GOSTO DE DAR PARA A CRIANÇA". **Ali.**: "OLHANDO ASSIM, SÃO BONITINHOS, ENGRAÇADINHOS". **Ige.**: "EU ACHO BONITINHO, SÓ NÃO USO PORQUE NÃO ACHO FUNCIONAL".

Origem presumida do uso das imagens

As três entrevistadas atribuem o incentivo da prática da estereotipia escolar ao curso de Magistério: "NAQUELA ÉPOCA, A PRIMEIRA COISA QUE CHEGAVA ÀS NOSSAS MÃOS, ERA ESSE TIPO DE DESENHO. NAS AULAS DE 'ARTE', NAS DE 'PRÁTICA'... EM 'MATERIAL DIDÁTICO' SE USAVA MUITO..." No entanto, admitindo, que o contato com tais imagens ocorre já na infância e/ou em outras fases da vida, **Ige.** continua: "DESDE PEQUENA TRABALHO COM ISSO E TAMBÉM TRABALHARAM COMIGO DESSE JEITO; A GENTE FAZ COMO ALUNO, E DEPOIS PASSA A FAZER COMO PROFESSOR: PERSONIFICAÇÃO DE ÁRVORES, BANDEIRINHAS, É A COISA MAIS COMUM". **Ali.** comenta: "EU APRENDI A FAZER ESSE TIPO DE DESENHO NA ESCOLA, LEMBRO SITUAÇÕES DE AMPLIAÇÃO DE DESENHOS; ACHO QUE A ESCOLA NORMAL ENSINOU MAIS, FOI LÁ ONDE ME COBRARAM MAIS ISSO". **Syl.**: "EU ACHO QUE DESDE O NORMAL; PELO MENOS O 'SOL COM CARINHA' EU JÁ COSTUMAVA VER, TALVEZ ÁRVORE COM BRAÇOS TAMBÉM". Esses depoimentos confirmaram uma crença pessoal que eu tinha: a estereotipia nas imagens escolares, embora tenha origem anterior, é reforçada nos cursos de formação dos professores (curso normal, na época das entrevistadas) , conforme explicado no início deste trabalho.

Estágio e imagens recebidas

Segundo esses relatos, "A ESCOLA NORMAL ENSINAVA QUE SE USASSE PARA CAPA DE PROVA, PARA RECREAÇÃO, QUE SE DESSE UM DESENHO BONITINHO PARA COLORIR – ERA ESSA A MENTALIDADE – PARA A CRIANÇA PODER TER LIMITE DE ESPAÇO E COORDENAÇÃO MOTORA." (**Ige.**) No entanto, não só nas disciplinas curriculares, como também no "estágio obrigatório", ainda havia mais reforço, como deixa claro **Ige.**: "AS PROFESSORAS COM QUEM A GENTE ESTAGIAVA, USAVAM". Essa última afirmação confirma o importante papel do estágio como um dos fatores formadores da prática do futuro professor. Entretanto, mesmo que a formação não proponha esse tipo de imagem, Martins (1997, p. 133) assinala que pode acontecer de existir um "conflito" entre as concepções de ensino adotadas na escola de formação de professores e o estágio:

> Independente das orientações iniciais que recebam, por várias razões, os alunos em processo de aprendizagem 'têm que obedecer,' por isso acabam submetendo-se às condutas pedagógicas do professor-regente da turma em que vão atuar. Uma dessas razões é que, para aprovação na disciplina, a avaliação de maior peso é a do professor-regente [com quem o aluno estagiou].

Postura pedagógica das entrevistadas

Pelo que **Ige**. relata, parece também estar evidenciada a existência de uma estreita relação de similaridade entre as imagens aprendidas na infância, na adolescência ou em outra época da vida, e as aprendidas depois, na formação de professores; também parece haver relação direta entre a experiência que cada uma viveu em relação a tais imagens e a postura pedagógica adotada mais tarde na vida profissional: "PEQUENA, EU TINHA DIFICULDADE PARA DESENHAR, E COMO NÃO DESENHAVA TÃO BEM QUANTO EU CONSIDERAVA QUE FAZIAM OS DESENHISTAS, PAREI DE DESENHAR." Talvez a frustração de não saber repetir o desenho feito pelos adultos, quando ainda era criança, tenha influenciado a postura pedagógica de **Ige**. em não querer que seus alunos passem pela mesma experiência "frustrante", porque, das três entrevistadas, é a que parece ter uma posição mais firme contra as imagens estereotipadas. **Ige**. Afirma que não usa mais as imagens recebidas, justificando: "EU ATÉ JÁ USEI EM INÍCIO DE CARREIRA [...] FAZIA A MATRIZ E RODAVA." E divaga, talvez tentando encontrar alguma função para os desenhos recebidos: "SE ISSO VIER EMBUTIDO NUMA ATIVIDADE, COMO RESULTADO DE UMA PROPOSTA, DE UMA VIVÊNCIA, AÍ ATÉ QUE TEM LUGAR". Porém ela mesma não se convence: "MAS ACHO QUE, MESMO ASSIM, SERIA MELHOR O DESENHO DAS CRIANÇAS DO QUE UMA FOLHA MIMEOGRAFADA".

Processo de reprodução das imagens recebidas

Syl., das três entrevistadas, a que mais trabalha com imagens estereotipadas, relata como consegue reproduzir os desenhos recebidos: "DESENHAR SOZINHA EU NÃO SEI, MAS, OLHANDO, EU CONSIGO COPIAR; AMPLIO, DIMINUO, OU ENTÃO PEGO UM MOLDE PRONTO, É MAIS RÁPIDO;

DESENHAR É UM DOM QUE NÃO TENHO". **Syl**. revela assim possuir uma habilidade em copiar que poucas professoras têm.

A propósito de desenhar tais imagens, escrevi, em 1995:

> Há professoras que têm muito jeito e gosto para fazê-los. Gostam de desenhar, copiam bem, sabem ampliar, acrescentam mais detalhes. Toda escola conta, em seu quadro docente, com pelo menos uma professora assim, e ela é muito requisitada para ajudar as outras, na hora "do que fazer para tal situação ou data". Em geral é a mais apreciada pelos pais porque "sua sala é sempre a mais bonita". Aquelas que não têm nenhum jeito, nenhum gosto, passam por momentos desesperantes. A obrigação de enfeitar a sala se converte em uma verdadeira tortura. É quando apelam à colega habilidosa, às revistas de modelos, aos riscos da coordenadora ou conseguem modelos com as colegas. (Vianna, 1995, p. 59)

Antropomorfismo nas imagens recebidas

Acostumada a trabalhar com cópia de modelos, **Syl**. tem suas preferências. Parece simplesmente "implicar" com as boquinhas e as carinhas colocadas nas imagens escolares "NÃO GOSTO DE DAR DESENHO COM CARINHA... PREFIRO DAR ELE 'PURINHO' OU ENTÃO DEIXAR QUE AS CRIANÇAS FAÇAM POR CONTA DELAS". E reforça: "PURINHO QUE EU DIGO, É SEM OLHINHO NEM BOQUINHA". E justifica: "EU NÃO GOSTO, NÃO TEM MUITO A VER; SENÃO, A GENTE BOTA NA CABEÇA DA CRIANÇA UMA COISA QUE NÃO É MUITO REAL". No entanto, curiosamente, não se dá conta de que, aquilo que aceita e faz é a mesma coisa do que aquilo que não aprova; são apenas duas maneiras diferentes de humanizar o que não é humano: "DAR UMA TARTARUGA: ELA TEM OLHINHO E SE EU BOTAR UM CHAPÉU NELA, NÃO INFLUI EM NADA, FAZ DE CONTA QUE É A ROUPINHA DELA... MAS, NÃO GOSTO DA FIGURA HUMANA RELACIONADA A TUDO QUE ESTÁ REPRESENTADO". Ora, como se pode verificar, existe uma confusão nas opiniões de **Syl**.: ao mesmo tempo em que aprova algumas características do antropomorfismo – a colocação de roupas e acessórios humanos nas imagens de animais –, não aceita a colocação de atributos humanos em imagens de objetos. Porém, abre uma exceção: "SÓ NO SOL JÁ BOTEI ALGUMAS VEZES, NAQUELES CARTAZES SOBRE O TEMPO; TUDO QUE É CRIANÇA JÁ DESENHA SOL COM CARA E BOCA, JÁ FICOU MEIO FOLCLÓRICO". As críticas de **Syl**. talvez sejam o início de uma reflexão sobre os desenhos recebidos, mas ela não aprofunda o questionamento. É provável que isso tenha a ver com uma peculiaridade dos desenhos recebidos: a de serem aceitos sem reflexão, sem críticas etc.

Pressões dos alunos para conseguir imagens recebidas

Perguntada **se** usava e **como** usava os desenhos recebidos e **com que objetivos**, **Syl**. dá a impressão de que, apesar de ter uma "lógica própria" em suas posições contrárias a "certas" características do antropomorfismo já explicitadas, cede aos pedidos insistentes dos alunos: "QUANDO A PRÓPRIA CRIANÇA PEDE, EU COPIO NUM MIMEÓGRAFO E DOU", chegando mesmo a **oferecer** aos alunos cópias de tais desenhos: "QUANDO ESTOU COM UM LIVRO COM IMAGENS E ELES APRECIAM, EU PERGUNTO: VOCÊS QUEREM QUE EU FAÇA UM DESSES PARA VOCÊS?" Porque "AS CRIANÇAS PEDEM", **Syl.**, então, acha que tais imagens podem ter alguma função: "NO CASO DE ELES PEDIREM, SERIA UMA RECREAÇÃO; QUANDO SE FAZ ALGO QUE SE GOSTA, SE ESTÁ APRENDENDO; AO COLORIR, A CRIANÇA VAI PROCURAR NÃO SAIR FORA DO CONTORNO, TER COORDENAÇÃO". Tenta, assim, encontrar mais argumentos para essa prática: "TRABALHO COM TURMAS DE BAIXA FAIXA ETÁRIA, ENTÃO ELES PRECISAM UM POUCO DISSO, DE TER COORDENAÇÃO, DE PERCEBER SE UMA COR FICA BONITA OU NÃO; EU ACHO QUE TEM ESSA FINALIDADE". Isso de fato parece ser um pensamento equivocado de **Syl.**, pois segundo Lowenfeld e Brittain (1977, p. 71):

> São atividades pré-solucionadas que obrigam as crianças a um comportamento imitativo e inibem sua própria expressão criadora; esses trabalhos não estimulam o desenvolvimento emocional [...], não incentivam as aptidões [...] pelo contrário, apenas servem para condicionar a criança, levando-a a aceitar como arte, os conceitos adultos, uma arte que é incapaz de produzir sozinha e que, portanto, frustra seus próprios impulsos criadores.

São, portanto, desenhos que não respeitam (e mesmo ignoram) as etapas de desenvolvimento do desenho da criança. **Ali**. responde à mesma questão, enfatizando: "COM CERTEZA JÁ FIZ, MAS NÃO FAÇO MAIS... ISSO FEZ PARTE DA FASE INICIAL DE MAGISTÉRIO, NA ÉPOCA QUE ME FORMEI... ATUALMENTE, EU TENHO UMA PREGUIÇA MUITO GRANDE DE FICAR FAZENDO DESENHINHO, NÃO SÓ PELO TEMPO QUE SE PERDE, MAS PORQUE ACHO DESAGRADÁVEL, NÃO ME DÁ PRAZER E NÃO VEJO OBJETIVO EM FAZER". Entretanto, tal qual **Syl.**, **Ali.**, talvez pela dificuldade de trabalhar de outra maneira com os alunos, demonstra também ceder às suas pressões para obterem imagens que ela não desejaria fornecer: "ACONTECE DE MEUS ALUNOS PERCEBEREM EM OUTRA TURMA, POR EXEMPLO, UMA CAPA DE PROVA E ME PEDIREM;. EU DIGO QUE NÃO GOSTO DE FAZER, QUE NÃO ACHO NECESSÁRIO, MAS, SE ELES QUISEREM, EU ATÉ DOU PARA ELES DESENHAREM, MAS NUNCA FAÇO PARA ELES". Parece, entretanto, que, não conseguindo convencer seus alunos, acaba cedendo às insistências: "AÍ EU DOU, EMBORA NÃO VENDO OBJETIVO NAQUILO; COMO ELES QUEREM E GOSTAM... ENTÃO XEROCO, REPRODUZO, ELES PINTAM E TAL."

Repetição das imagens recebidas

Ali. falou da repetição das imagens e o quanto a incomoda: "ACHO ESSAS IMAGENS CANSATIVAS... DEPOIS DE ANOS DE MAGISTÉRIO, EU COMEÇO ACHAR ENFADONHO, CHATO... AÍ FICO PENSANDO: SE EU ACHO CHATO, MEUS ALUNOS TAMBÉM DEVEM ACHAR".

"Quando se cansam das mesmas imagens, procuram novas. Acontecem, então, as trocas de estereótipos para conseguir imagens que ainda não usaram" (Vianna, 1995, p. 59).

Syl. comenta como conseguiu aumentar o "acervo pessoal" de imagens para ter maior variedade: "A GENTE VAI TROCANDO COM AS COLEGAS; EM MUITOS ANOS, A GENTE ACUMULA MUITA COISA." Ela também aponta para um problema que supõe afetar principalmente os alunos repetentes: "EU PENSO QUE OS ALUNOS REPETENTES DEVEM ESTAR SATURADOS DE FICAR VENDO ISSO; EU JÁ ME CANSEI, SÓ QUE TENHO A POSSIBILIDADE DE DIZER: NÃO QUERO! MAS ELES NÃO TÊM PERMISSÃO PRA DIZER ISSO." No entanto, refletindo um pouco mais, ela acrescenta: "QUER DIZER, PODER ELES PODEM; SÓ QUE NÃO TÊM CORAGEM DE FALAR, PORQUE, QUANDO FALAM, O PROFESSOR OS CONSIDERA REBELDES." E **Ali**. conclui pela falta de alternativas: "O PROFESSOR NÃO TEM OUTRA COISA PARA OFERECER AO ALUNO."

Sugestões de outras denominações para imagens recebidas

Achei oportuno, também, saber como as professoras entrevistadas denominariam os desenhos dos quais estávamos falando. **Ige**. hesitou: "COMO TENHO ANTIPATIA POR ELES, ACHO QUE SERIAM BITOLANTES, CERCEANTES..." e **Syl**. "BONITINHOS JÁ SERIA UM ADJETIVO... AGRADÁVEIS DE SE OLHAR"! Talvez até se possa concordar com **Syl**.: tais desenhos, de fato, algumas vezes, são "bonitinhos" e "agradáveis de se olhar", mas não há dúvidas de que concordamos integralmente com **Ige**.: são certamente "bitolantes" e "cerceantes" porque não permitem que a criança se expresse verdadeiramente e lhe impõem imagens que desconsideram seus impulsos criadores e deformam sua visão do mundo.

Causas presumidas para o uso disseminado de imagens recebidas na escola

Ig. explica o uso tão frequente das imagens estereotipadas pelo desconhecimento dos professores e, também, pela falta de motivação para estudar e até para trabalhar, apontando os baixos salários como o fator principal a reduzir a motivação: "ISSO É 'PRÁTICO', ENCHE O TEMPO... VOCÊ DÁ UMA MATRIZ MIMEOGRAFADA, QUAL É A CRIANÇA QUE NÃO VAI QUERER PINTAR? VOCÊ VAI GASTAR 'MEIA HORA DO SEU DIA' NESSA ATIVIDADE". Essa afirmação coincide com o que dizem Lowenfeld e Brittain (1977, p. 69, grifo nosso), ainda que sem fazer alusão aos salários:

> Embora ninguém o admita, uma das principais razões para o uso de desenhos para colorir pode muito bem ser a de que proporciona ao professor uma **oportunidade de descansar**, enquanto as crianças se empenham em recobrir uma quantidade [...] de pássaros ou em colorir [...] uma série mais ou menos extensa de papagaios.

Causas apontadas para a mudança de postura pedagógica

Ali. explica porque mudou sua maneira de pensar: "ACHO QUE FOI A EXPERIÊNCIA, NÃO SÓ O TRABALHO, MAS TAMBÉM, A TEORIA, OS CURSOS, O QUE A GENTE VAI ESTUDANDO, PENSANDO... SOU MUITO QUESTIONADORA; NUNCA FIZ NENHUM ESTUDO EM RELAÇÃO À ARTE, MAS VENHO TENTANDO: ENSINAR MELHOR, CRESCER COMO PROFISSIONAL... EM FUNÇÃO DE TUDO ISSO, FUI PERCEBENDO QUE ESSAS COISAS JÁ NÃO FAZIAM SENTIDO. MUITAS 'VERDADES' QUE EU ABSORVI NA ÉPOCA DE CURSO NORMAL, COM O TEMPO, UM CRESCIMENTO, ME FEZ ABANDONAR, OU, PELO MENOS, TRANSFORMAR ESSAS 'VERDADES'". **Ige.:** "ANTES DO CONSTRUTIVISMO, SE USAVA MUITO ISSO, PARA A CRIANÇA COLORIR, FAZER CAPA DE TRABALHO; AGORA, A GENTE PARTE MAIS PARA A CRIAÇÃO DELAS." Essas professoras apontam o estudo continuado, a não acomodação do professor, o autoquestionamento e a vivência da prática docente como fatores importantes para levar a uma mudança da postura pedagógica.

Alternativas sugeridas para a comunicação por imagens na escola

Perguntadas se haveria alguma alternativa para substituir tais imagens, **Syl**., a que mais trabalha com desenhos recebidos, sugere que se poderia "MOSTRAR REVISTINHAS, COISAS QUE AS CRIANÇAS TRAGAM, COISAS DA NATUREZA, MOSTRAR FOLHAS, ANIMAIS..." E completa: "TEM MUITAS OUTRAS MANEIRAS DE SE TRABALHAR COM A CRIANÇA, NÃO PRECISA SER SÓ COM O DESENHO". **Ige**., que afirma não usar imagens recebidas, responde, com certa hesitação: "A GENTE PROCURA USAR A 'IMAGEM VIVA' DAS COISAS. POR EXEMPLO, PARA MOSTRAR UM ELEFANTE, A GENTE PODE LEVAR UMA FOTOGRAFIA, MAIS PRÓXIMA DO REAL".

Ampliação da abrangência das informações solicitadas

Na análise do material resultante das entrevistas, por ter sido provocado com perguntas em aberto, percebe-se que foi permitido às entrevistadas que discorressem não só sobre aquilo que estava sendo questionado diretamente, mas também sobre outros assuntos não previstos. Esses outros assuntos, entretanto, se mostraram pertinentes, servindo para enriquecer, com tantas e tão variadas abordagens da questão, o conhecimento que se buscava sobre a prática da estereotipia no ambiente escolar. **Ige**., não sem uma certa pitada de ironia, faz um comentário crítico em relação às atitudes de algumas colegas de profissão: "ALGUMAS USAM SÓ PARA DIZER: 'CHEGOU A PRIMAVERA, TEMOS QUE FAZER UM TRABALHO!' AÍ DESENHAM UMA ÁRVORE COM UMAS FLORES E 'SOCAM' NA CRIANÇA, QUE NÃO SABE NEM PORQUE ESTÁ FAZENDO AQUILO." **Ali**., ao dar o exemplo dos livros didáticos, aponta, criticamente, para a intenção sedutora e subliminar de tais imagens: "QUANDO OS LIVROS DE CIÊNCIAS QUEREM TRATAR DE ECOLOGIA, ENTÃO A ÁRVORE SEMPRE RI, O SOL ESTÁ SEMPRE RISONHO PARA MOSTRAR UMA VISÃO SIMPÁTICA DA NATUREZA." A propósito de tais ilustrações, Deiró ([S.d.], p. 168), em seu livro *As belas mentiras*, comenta:

> são ilustrações irreais de uma natureza perfeita, onde todos são felizes (inclusive um sol que sorri). As especulações econômicas não existem, gerando a devastação de florestas inteiras e a poluição dos rios, mares e do ar pelos produtos tóxicos das indústrias. A ideologia dominante mascara, com toda essa singeleza, a maneira depredadora da sociedade capitalista relacionar-se com a natureza.

Além do mais, parece que as entrevistas, além de apresentarem rico conteúdo de vivências pessoais e pedagógicas, também promoveram reflexão, especialmente em **Syl**., a mais adepta das imagens recebidas. Essa *aluna-já-professora*, durante suas verbalizações, foi refletindo e perdendo suas certezas, percebendo que, de fato, não conhece o objetivo nem a função das imagens recebidas na escola: "TRABALHAR COM ESTES DESENHOS É RECREATIVO, TALVEZ A CRIANÇA COMECE A PERCEBER DETALHES... ACHO QUE ALGUMA FUNÇÃO ELES TÊM, QUE PRESTAM PARA ALGUMA COISA, NÃO SEI MUITO BEM, NUNCA ME DISSERAM." Quando afirma "nunca me disseram", na verdade, pode também estar dizendo que nunca **perguntou a ninguém**, e muito menos, **se perguntou**.

Vimos, nos relatos, que o nosso objeto de estudo – as imagens recebidas – era conhecido de todas as entrevistadas, e que estas foram unânimes quanto ao apreciar tais imagens, pois, de certa forma, todas disseram que delas gostavam.

Quanto aos primeiros contatos com tais imagens foram apontados como tendo ocorrido na infância e/ou na adolescência, entretanto, a aprendizagem da prática da estereotipia foi atribuída ao Curso de Magistério, não só nas disciplinas curriculares, mas, também, e especialmente, nos estágios obrigatórios, onde se aprendia a usar "por imitação".

Por outro lado, ficou claro que o fato de se vivenciar uma experiência frustrante com tais imagens na infância pode levar à adoção de uma postura contrária ao seu uso com alunos na idade adulta.

Vimos também que a habilidade para reproduzir desenhos, prestigiada em muitos ambientes escolares, não é, entretanto, uma "vantagem" que todas as professoras possuam.

> Aquelas que não têm nenhum jeito, nenhum gosto ou não sabem fazer estes desenhos passam por momentos desesperantes. [...] No entanto sabemos que os processos de reprodução estão disponíveis em larga escala: a mais conhecida das matrizes é a folha reproduzida no mimeógrafo a álcool, largamente utilizada nas escolas. Além do mimeógrafo, temos diversos recursos para reproduzir estereótipos: todos conhecem processos simples de transferência de um suporte para outro. Atualmente as máquinas fotocopiadoras fazem estas reproduções muito melhor e em menos tempo (Vianna, 1995, p. 59).

Em relação ao antropomorfismo, verificamos que uma entrevistada oscila entre a "implicância" com algumas de suas manifestações e a aceitação de outras, preocupada que está com o "realismo" das imagens, o que revela uma sucessão de confusões e equívocos na maneira de encarar a imagem escolar e o desenho da criança. Sua justificativa de não aprovar tais imagens por "não serem reais" não é pertinente. O desenho da criança nem sempre é realista e, no entanto, tem alto valor expressivo e profundos significados emocionais, sendo testemunho das fases do seu desenvolvimento cognitivo.

Verifica-se, também, o quanto são frágeis as convicções daquelas que dizem não estar de acordo com o uso das imagens recebidas, pois cedem e dão aos alunos quando "há pressões" e, ainda, consideram que: se eles querem, pedem e gostam deve ser porque essas imagens "têm alguma função", embora não saibam precisar qual.

Além disso, afirmam que o uso disseminado dos desenhos recebidos nas escolas acontece pelo comodismo, pela falta de motivação – especialmente pelos baixos salários – e pela falta de alternativas para o professor, ou seja, porque este desconhece outras maneiras de trabalhar com a criança.

Uma das professoras comenta o quanto é cansativa a repetição de tais imagens, e fala da passividade e submissão dos alunos a elas, preocupando-se especialmente com os alunos repetentes, que têm que conviver, ano após ano, com as mesmas imagens.

Foram, então, sugeridas algumas alternativas para facilitar a comunicação entre o professor e a criança que não fossem as imagens recebidas: as respostas se referiram a "material concreto", "às coisas mesmas", e/ou também às "imagens das coisas, mais próximas do real". Ficou então para reflexão, a seguinte pergunta: **e, por que não procedem dessa maneira?**

Uma professora aponta que o uso dos desenhos recebidos é "recreativo" para a criança, outra que serve para "mostrar serviço" do professor nas datas do calendário, e a terceira alerta para a "sedução" que tais imagens tentam exercer sobre a criança, mostrando uma visão otimista e, muitas vezes, falsa da realidade.

Sem pretender generalizar, podemos, ainda assim, tomar tais depoimentos como o reflexo de atitudes e pensamentos de uma população mais ampla, mais numerosa e, portanto, imaginar que atitudes e pensamentos semelhantes podem estar ocorrendo com outros professores, em outras escolas brasileiras.

Conclusão

Que as ideias de Comênio, vistas no início deste livro, oriundas de quatro séculos atrás, continuam em voga, é fato incontestável. Entretanto, estabelecendo comparações entre um país de primeiro mundo – a França – e o Brasil, constatamos que, aqui, para praticá-las, contamos com uma enorme defasagem de recursos. Os valores representativos, naturalistas e enciclopédicos da imagem para crianças, propostos por editores de literatura infantil, como o francês Paul Faucher, em nosso país, não puderam, e seguem não podendo, ser colocados em prática. Nossas imagens escolares não têm caráter realista ou naturalista.

Os modelos de imagens escolares usados no Brasil são verdadeiros *poncifs* – ainda que não exista essa palavra em nossa língua ou em nosso linguajar – porque o princípio de reprodução linear da imagem é praticado cotidianamente, multiplicando os desenhos de contorno, aumentando indefinidamente o número de matrizes no meio escolar que, a cada reprodução, perdem em quantidade de riscos e qualidade representativa. As imagens só são associadas ao referente porque acordos tácitos são estabelecidos entre crianças e professoras.

Os professores de arte qualificam, desde muito tempo, essas imagens de *estereotipadas*, sem saber muito bem o significado exato dessa palavra. Por outro lado, a maioria dos professores de ensino fundamental nem ao menos sabem que tais desenhos são assim chamados porque não têm nenhum conhecimento da palavra, do conceito, nem consciência dos estereótipos.

A busca por uma melhor caracterização para tais imagens levou-me a parafrasear alguns dos títulos dos já citados livros, inspirados em Flaubert. Associando aqueles com minhas próprias observações da realidade escolar, penso que os desenhos aos quais me referi ao longo deste livro poderiam ainda **ser adjetivados** de várias outras maneiras.

Por exemplo, pelos hábitos de professores e alunos, eles poderiam ser qualificados de desenhos **oferecidos**, à medida que os professores os oferecem às crianças, nas salas de aula. Porém, essa denominação pareceu-me **inadequada**: esses desenhos não são simplesmente **oferecidos**, **dados** às crianças; eles são, antes, **impostos** a elas, que são obrigadas a colori-los, muitas vezes até a copiá-los. Dessa forma, poder-se-ia ter a expressão *desenhos impostos*, pois todos sabemos que, em tais escolas, as crianças não têm direito de recusá-los ou rejeitá-los. À medida que elas são **obrigadas** a aceitá-los sem objeções, poder-se-ia também denominá-los de *desenhos aceitos* ou, melhor ainda, *desenhos obrigatórios*. Por outro lado, considerando o setor administrativo das escolas, e sabendo como pensam muitos diretores e coordenadores, esses desenhos poderiam ser adjetivados de **adequados**, **convenientes**, **específicos** para crianças. Já pela mentalidade corrente entre pais de alunos, poder-se-ia dizer que se tratam de desenhos **aprovados**, e mais, de desenhos muito **apreciados**. No artigo ao qual já me referi outras vezes neste livro, escrevi:

> Diretores e donos de escola, sabendo que os pais gostam dessas enfeitadas, abusam dos estereótipos, com o objetivo de atrair alunos. Salvo raros pais esclarecidos, a maioria se deixa envolver pelo aspecto interno do prédio, julgando, equivocadamente, ser "boa" a escola que enfeita as suas paredes. Dificilmente, pais gostam de matricular os filhos em escolas de paredes nuas. (Vianna, 1995, p. 58)

Além do mais, nos cursos de formação de professores que ministrava, assumi sempre posição contrária, aos desenhos estereotipados/recebidos que, por causa disso, poderiam ser qualificados de *desenhos recebidos*, porém **rejeitados**, porque eu não os aceitava em seu emprego tão difundido. Além disso, como me propunha a proclamá-los como alguma coisa má, eu poderia igualmente dizer que eles seriam desenhos **denunciados**, porque, com minhas *alunas-já-professoras* ou *futuras-professoras*, eu tratava sempre de promover a consciência sobre os estereótipos.

Enfim, como tentei desenvolver um "processo de desestereotipização", poderia também qualificá-los de *desenhos revistos*, *revisitados*, *desenhos transformados* e assim por diante.

Em associação à minha experiência no campo das imagens escolares brasileiras, outras ideias me vinham à mente, sem cessar, mas optei pela expressão *desenhos recebidos*, que me pareceu a mais adequada. *Desenhos recebidos* é também um sintagma mais simpático; *recebido* pode substituir perfeitamente o adjetivo *estereotipado*, este último com forte conotação negativa. É também verdade que poderia chamá-los de *hereditários*, já que os herdamos de pais e professores; mas é justamente porque os herdamos que eles são recebidos. Assim, para evitar redundâncias, permaneci com a denominação *recebidos*.

Por outro lado, se tais modelos acarretam tantos prejuízos, cabe a pergunta: **Por que a maioria das professoras usa imagens repetidas, reproduzidas, estereotipadas?** A resposta pode ser: pela falta de recursos, de alternativas, de informação, por comodismo, de coragem de se contrapor, mas, principalmente, pela necessidade de pertencer a um grupo, pela necessidade de se "sentir junto", de estar em coesão com ele, praticando o que manda o senso comum e, assim, ser considerado adequado, conveniente, amável e competente.

A noção e o conceito de **ideias recebidas** tampouco existem em nossa língua ou em nossa cultura. O assunto, em geral, não faz parte de nossas preocupações, não desperta desejo de conhecimento, não motiva a realização de estudos. Ainda assim pude concluir que as imagens apresentadas às crianças, na maioria das escolas brasileiras, são **imagens recebidas**. Estas são modelos aceitos sem questionamento, apresentados como representação-padrão, verdadeira, das quais se desconhece tanto a origem quanto a autoria: "Vem não se sabe de onde e vão para onde não se sabe" (Vianna, 1995, p. 58). São, portanto, o oposto de criativas, mas, mesmo assim, formas que todos aprovam.

Imagens que diferem do padrão convencionado pela organização escolar não são compreendidas porque se desconhecem, entre outras, as características do desenho infantil, e seu uso indiscriminado está ligado à manutenção da ordem educacional já estabelecida.

Como ficou comprovado, tais imagens são conhecidas de todos, e os primeiros contatos com elas se dão na infância e prosseguem na adolescência, mas o reforço delas é promovido nos cursos de formação de professores, tanto nas disciplinas curriculares, quanto nos estágios obrigatórios.

Foi possível constatar, também, o quanto são frágeis as convicções, mesmo daquelas professoras que não estão de acordo com os desenhos recebidos. Tanto que, se não as adotam sistematicamente, oferecem-nas aos alunos quando há pressões, seja dos próprios alunos, da coordenação da escola ou dos pais. Como há muita desinformação no meio docente, e nenhum incentivo para mudar esse quadro, as professoras não buscam outras alternativas para se comunicar com as crianças e se acomodam, porque é fácil, dá muito menos trabalho. Além do mais, essas imagens seduzem, servem para "apresentar serviço" e ocupam o tempo da criança.

O antropomorfismo verificado nas imagens escolares contribui, então, para seduzir, tornar mais atraente e menos enfadonho o ato de aprender. Sendo assim, seguem os modelos dos desenhos animados e das histórias em quadrinhos. Esse é um fenômeno difundido, faz parte do cotidiano da escola, sendo, portanto uma "tendência recebida", uma convenção que não se contesta nem se questiona, tendência à qual ninguém ousa se contrapor.

Nos desenhos feitos pelas professoras, encontraram-se todas essas características e tendências **recebidas**: as mesmas formas são usadas e parecem adequadas para muitas representações e situações semelhantes. Nos exercícios aplicados, verificou-se que, ainda que se possa induzir à aparição de estereótipos no desenho, ao se insistir na indução, a pessoa começa a buscar outras associações. Primeiro surgem as formas automáticas, mecânicas, recebidas, dando a impressão de que, inicialmente, as pessoas são movidas pelo mais fácil, pelo mais automático, pelo que não exige pensar, sendo levadas a desenhar por automatismo e comodismo. Em geral, os primeiros desenhos que aparecem são os ensinados por pais, irmãos mais velhos, colegas etc., portanto, desenhos recebidos. Entretanto, com a solicitação de desenhos com "repetições modificadas", muitos desses automatismos vão desaparecendo e a expressão vai ganhando formas mais pessoais. No desenho do adulto, a reprodução de esquemas parece refletir as mesmas preocupações de exemplaridade que tem a criança quando desenha, ainda que esta exemplaridade seja praticada em detrimento da verossimilhança.

Por outro lado, quando há enumeração verbal, parece ocorrer, também, uma ativação da memória visual, e isso se reflete no desenho que, assim, busca mais intensamente a verossimilhança.

Algumas representações estereotipadas "consagradas" visam tornar o objeto mais simples, ter a sua representação facilitada, reduzida aos traços mais essenciais e, dessa forma, concorrem para a sua massificação. Conseguir modificar essas representações e chegar a um desenho pessoal é possível, principalmente quando o adulto descobre que seu nível de incompetência é compartilhado por seus iguais, o que favorece o aparecimento da autoconfiança em relação ao desenho e à descoberta de potencialidades insuspeitas.

Entre todos os temas, as representações da figura humana, sendo as mais complexas, geram maior insatisfação e frustração. Os adultos, em geral, idealizam a representação fotográfica da figura humana no desenho e, como não conseguem concretizá-la, desanimam. Os exercícios de desenho de observação, sem exigir a cópia servil do modelo, mas a captura de seus traços essenciais e sua finalização, com o uso da imaginação, levam a maioria dos adultos a desistir da "inalcançável" representação fotográfica. Os desenhos de silhuetas, tal como são propostos, atenuam a insatisfação generalizada, tranquilizam, porque não se pede nem se valoriza a representação fotográfica, mas, sim, apenas breves registros pessoais.

No último exercício, onde se pede a "transformação de (outros) desenhos recebidos" –, observam-se enfoques, motivações e ações diversificadas sobre eles. As *alunas-futuras--professoras* ou *já-professoras* tiveram, assim, a possibilidade de colocar em prática toda a sua vivência adquirida nos exercícios anteriores, que pode até não ter sido completa (não existe a completude), mas, certamente, concorreu para um aumento considerável de seu repertório expressivo, promoveu a autoconfiança no desenho, favoreceu a soltura do traço, da imaginação e das ideias. São processos de desenho que testemunham a eficácia e a pertinência do método, reflexos de um, ao mesmo tempo breve e intenso "aquecimento" anterior. Em todo o processo, não é preciso dizer muitas coisas; a *aluna--futura-professora* ou *já-professora* toma consciência por si, naturalmente, ao avaliar os resultados das imagens produzidas.

Retomando as hipóteses colocadas para iniciar este estudo, naquele, então, projeto de pesquisa, partiu-se do princípio de que **os desenhos recebidos eram bloqueadores da imaginação e da expressão individual**. Os depoimentos expressados pelas *alunas-*

já-professoras na avaliação final da experiência confirmaram essa e as demais assertivas: "ACOSTUMADAS A RECEBER AS COISAS PRONTAS, QUANDO DESAFIADAS A CRIAR, A NÃO REPRODUZIR MODELOS, NOS SENTIMOS INCAPAZES E INÚTEIS"; "EU ERA CHEIA DE ESTEREÓTIPOS E ACHAVA ISSO O MÁXIMO. FOI DIFÍCIL DESPRENDER-ME DE ALGO QUE VINHA SENDO IMPREGNADO EM MIM DESDE PEQUENA"; "ME SENTIA FRUSTRADA POR NÃO SABER DESENHAR, PORÉM DESCOBRI QUE ISTO SE DAVA EM FUNÇÃO DE UMA EDUCAÇÃO ESTEREOTIPADA"; "O PROCESSO FOI GRADATIVO; AMADURECI A PARTIR DO DESAFIO DE VOLTAR A ME EXPRESSAR ATRAVÉS DO DESENHO, QUE ESTAVA ESQUECIDO DENTRO DE MIM."

Por outro lado, acreditava-se **ser possível atenuar, mediante ações específicas sobre os desenhos recebidos, os efeitos nocivos destes na expressão do adulto e promover o resgate de seus meios de expressão gráfico-plásticos**: "OS ESTEREÓTIPOS SÃO UM ALIADO PRÁTICO, POIS DISPENSAM A REFLEXÃO, EXIGINDO APENAS A CÓPIA MECÂNICA E DESPROVIDA DE CRÍTICAS;" "A PERCEPÇÃO INICIAL DO TRABALHO FOI DE DECEPÇÃO; NOS SENTIMOS TOLAS E MENOSPREZADAS POR FICAR FAZENDO DESENHOS, ATÉ CONSEGUIR PERCEBER O REAL SIGNIFICADO DA PROPOSTA;" "DESENVOLVEU A PERCEPÇÃO DE UMA PARTE NOSSA ADORMECIDA, MOSTRANDO A EXISTÊNCIA DA CRIATIVIDADE INDIVIDUAL, SENDO ENRIQUECIDA DE FORMA GRUPAL;" "NO COMEÇO NADA CONSEGUIA, MAS, NO MEIO DO CAMINHO, JÁ SENTIA UMA MUDANÇA POSITIVA: ESTAVA DESENHANDO O MEU DESENHO E GOSTANDO BASTANTE DELE;" "TIVE UM GRANDE CRESCIMENTO TANTO NA ARTE QUANTO NO MEU JEITO DE SER".

E ainda: intuía-se que **era possível promover transformações nas práticas docentes e no contexto educacional, a partir da conscientização dos educadores sobre a ação nefasta dos desenhos recebidos na expressão do desenho da criança**: "É NECESSÁRIO QUE O PROFESSOR MERGULHE NO SEU INTERIOR E BUSQUE A CRIAÇÃO DELE PRÓPRIO, PARA QUE POSSA RESPEITAR O ALUNO"; "NA ESCOLA A CRIANÇA NÃO CONTA COM TEMPO PARA A ARTE; A ESCOLA TIRA DELA O PRAZER DE CRIAÇÃO AO LHE DAR TUDO PRONTO"; "A ÚNICA POSSIBILIDADE DE MUDANÇA É DOTAR A PESSOA, JÁ CONSCIENTE DO PROBLEMA, DE UMA BOA DOSE DE CORAGEM; É MUITO DIFÍCIL ENTRAR EM CONFLITO COM A DIREÇÃO DA ESCOLA E AS COLEGAS"; "TENHO DISCUTIDO A QUESTÃO COM TODA A EQUIPE ESCOLAR E TAMBÉM COM OS PAIS"; "HÁ POSSIBILIDADES CONCRETAS DE MUDANÇA: ELIMINAR A COMPETIÇÃO PELO DESENHO MAIS BONITO, OS EXERCÍCIOS MIMEOGRAFADOS, OS MOLDES, DEIXAR QUE AS CRIANÇAS CRIEM O MURAL DA SALA DE AULA ETC;" "TENTO FAZER COM QUE MEUS ALUNOS DESENHEM OS SEUS PRÓPRIOS DESENHOS, COM ARGUMENTOS PARA ACEITAREM O QUE PRODUZEM"; "PUDE EVOLUIR NÃO SÓ PELO CONHECIMENTO DOS ESTEREÓTIPOS, POIS ESTOU IMPREGNADA DELES AINDA, MAS PELA MUDANÇA NA MINHA CABEÇA;" "NOSSAS EXPECTATIVAS AO

INICIAR O CURSO ERAM DE APRENDER TÉCNICAS PARA PASSAR ÀS CRIANÇAS, MAS HOJE JÁ QUESTIONAMOS O VALOR DESSAS RECEITAS PRONTAS"; "ESTE PROCESSO FOI UM FATO FANTÁSTICO NA MINHA VIDA, POIS CADA TRABALHO FEITO ME LEVAVA A CRIAR MAIS E, A PASSOS LENTOS, PORÉM CONSCIENTES, FUI ME DESESTEREOTI-PIZANDO"; "MEU CRESCIMENTO NÃO FOI GRANDE EM TERMOS DE DESENHO, MAS EM TERMOS DE CONSCIÊNCIA FOI ENORME. ASSIM, O DESENHO, DE INIMIGO NÚMERO UM, PASSOU, PROGRESSIVAMENTE, A AMIGO DO PEITO".

Após todas as tentativas para verificar, não só as denominações possíveis, mas a validade das hipóteses levantadas para a existência do fenômeno, com os desenhos, os depoimentos e as reflexões apresentadas ao longo deste livro, espero ter deixado claro o quanto minha posição difere da de Flaubert. Enquanto esse escritor não acreditava que alguém pudesse se opor às ideias recebidas, afirmando, com enorme pessimismo ou conformismo, que "não se escapa jamais das ideias recebidas", eu, ao contrário, para me contrapor aos desenhos recebidos, desenvolvi um método que permite, sim, deles escapar.

Estou certa que o método promove o que, inicialmente, denominei *desestereoti-pização* dos desenhos, entendendo-se o prefixo /des/ como negação, transformação, ação contrária à estereotipia. Nesse próprio neologismo que criei, já estava implícita minha crença na possibilidade de se poder escapar aos desenhos estereotipados; por-tanto, com a aplicação dos exercícios de desestereotipização ou de transformação dos desenhos recebidos, proponho caminhos para que os professores consigam libertar-se do recebido, do imposto, do predeterminado.

Por outro lado, ainda que eu privilegie a transformação como estilo de vida e meto-dologia de trabalho, enquanto professora, creio que, com as reflexões decorrentes deste estudo, consegui compreender as razões daquelas cujas práticas diferem das minhas. Creio ter conseguido não apenas conhecer mais profundamente como "praticam o recebido nas escolas", mas, principalmente, aceitar porque o fazem. Agora, não me cabe mais a crítica ou o julgamento, pois é provável que, em muitos casos e realidades, seja mesmo como disse uma *aluna-já-professora*: "AS PESSOAS JÁ TÊM UMA IDEIA FIXA SOBRE OS ESTEREÓTIPOS E NÃO DÁ PARA MUDAR, POIS ESTAMOS RODEADOS DELES. O ESTEREÓTIPO TORNOU-SE UM DESENHO CONSAGRADO: É ASSIM E NINGUÉM ALTERA ISSO".

Entretanto, apesar disso, esta é uma contribuição que ofereço a todos aqueles que, como eu, acreditam ser possível e desejam ver transformada a educação.

198

Referências

ALMEIDA, Napoleão Mendes de. **Gramática metódica da língua portuguesa**. 35. ed. São Paulo: Saraiva, 1998.

AMOSSY, Ruth; PIERROT, Anne-Herschberg. **Les idées reçues**: sémiologie du stéréotype. Paris: Nathan, 1991.

_____. **Stéréotypes et clichés**. Paris: Nathan, 1997.

AMOSSY, Ruth; ROSEN, Elisheva. **Le discours du cliché**. Paris: CDU/Sedes, 1982.

ARAÚJO, Emanuel. **A construção do livro**: princípios da técnica de editoração. Rio de Janeiro: N. Fronteira, 1986.

ARNHEIM, Rudolf. **Arte e percepção visual**. São Paulo: Pioneira; Edusp, 1980.

ARTEMÍSIA. Direção: Agnès Merlet. França: Première Heure, 1997. 97 min.

BARBOSA, Ana Mae Tavares. **Recorte e colagem**: influências de John Dewey no ensino de arte no Brasil. São Paulo: Cortez; e Autores Associados, 1982. (Coleção Educação contemporânea).

BARTHES, Roland. **O prazer do texto**. São Paulo: Perspectiva, 1977.

BOUVET, Jean-François. **Du fer dans les épinards et autres idées reçues**. Paris: Seuil, 1997.

CALDAS AULETE, Francisco Júlio. **Dicionário contemporâneo da língua portuguesa Caldas Aulete**. 5. ed. Rio de Janeiro: Delta, 1986.

CAMBIER, Anne. Les aspects génétiques et culturels. In: WALLON, Phillipe; CAMBIER, Anne; ENGELHARDT, Dominique. **Le dessin de l'enfant**. Paris: Presses Universitaires de France, 1990. p. 29-86.

CHILVERS, Ian. **Dicionário Oxford de Arte**. São Paulo: Martins, 2001.

COSTA, Marisa C. Vorraber. A caminho de uma pesquisa-ação crítica. **Educação e Realidade**, Porto Alegre, v. 16, n. 2, p. 47-52, jul./dez. 1991.

DANSET-LÉGER, Jacqueline. Réactions d'enfants à l'incongruité dans les images de la litterature enfantine. **Journal de Psychologie**, n. 4, p. 439-459, oct./déc. 1975.

DARRAS, Bernard. **Au commencement était l'image**: du dessin de l'enfant à la communication de l'adulte. Paris: ESF, 1996.

DEIRÓ, Maria de Lourdes Chagas. **As belas mentiras**: a ideologia subjacente aos livros didáticos. 12. ed. São Paulo: Moraes, [S.d.].

DELAROCHE, Jean-Michel. **Les idées reçues en médecine**. França: Hachette, 1988.

DICIONÁRIO das ideias feitas. São Paulo: N. Alexandria, 1995.

DONDIS, Donis A. **Sintaxe da linguagem visual**. São Paulo: M. Fontes, 1991.

DUARTE, Maria Lucia B. **O desenho do pré-adolescente**: características e tipificação. Dissertação (Mestrado em Artes) – Escola de Comunicação e Artes, Universidade de São Paulo, São Paulo, 1995.

DUBORGEL, Bruno. **Imaginaire et pédagogie**. França: Privat, 1992.

_____. **Le dessin d'enfant**. Paris: Jean-Pierre Delarge, 1976.

DUFAYS, Jean-Louis. **Stéréotype et lecture**. Bélgica: Mardaga, 1994.

EDWARDS, Betty. **Desenhando com o lado direito do cérebro**. Rio de Janeiro: Ediouro, 1979.

FLAUBERT, Gustave. **Dicionário das ideias feitas**. São Paulo: N. Alexandria, 1995.

_____. **Dictionnaire des idées reçues**. França: Mille et Une Nuits, 1994.

_____. **Le dictionnaire des idées reçues suivi du catalogue des idées chic**. Paris: Le Livre de Poche, 1997 (Edição comentada por Anne-Herchberg Pierrot).

FONSECA, Fernando V. Peixoto. **Dictionnaire français-portugais**. Paris: Larousse, 1978.

GIL, Antonio Carlos. **Métodos e técnicas de pesquisa social**. São Paulo: Atlas, 1991.

GOMBRICH, Ernst Hans Josef. **Arte e ilusão**. São Paulo: M. Fontes, 1986.

GOODSON, Ivor F. Dar voz ao professor: as histórias de vida dos professores e o seu desenvolvimento. In: NÓVOA, António (Org.). **Vidas de professores**. Porto: Porto Ed. 1995. p. 51-77.

GOULET, Alain (Ed.). **Le stéréotype**: crise et transformations. França: Press Universitaries de Caen, 1994.

GRANDVILLE. A bon chat, bon rat. In: _____. **Cent proverbes par Grandville**. Paris: H. Fournier, 1845. il.

GRANERO, Maria Victória Vieira Machado. **A influência da cultura de massa na expressão gráfica do adolescente através do estereótipo**. 270 f. Dissertação (Mestrado em Artes) – Escola de Comunicação e Artes, Universidade de São Paulo, São Paulo, 1983.

GRAWITZ, Madeleine. **Méthodes des sciences sociales**. 10. ed. Paris: Dalloz,1996.

GUOJUN, Liu; RUSI, Zheng. **L'Histoire du livre en Chine**. Beijing: Foreign Languages Press, 1989.

HOLANDA, Aurélio Buarque de. **Aurélio século XXI**: o dicionário da língua portuguesa. Rio de Janeiro: N. Fronteira, 1999.

_____. **Novo dicionário da língua portuguesa**. Rio de Janeiro: N. Fronteira, 1975.

IMAGIERS du Père Castor. Paris: Flammarion, [S.d]. il. color.

JAPIASSÚ, Hilton; MARCONDES, Danilo. **Dicionário básico de Filosofia**. Rio de Janeiro: J. Zahar, 1993.

KNELLER, George F. **Arte e ciência da criatividade**. São Paulo: Ibrasa, 1976.

LALANDE, André. **Vocabulário técnico de filosofia**. São Paulo: M. Fontes, 1996.

LE ROBERT. **Dictionnaire de langue française**. Paris, 1992.

LIPPMANN, Walter. Estereótipos. In: STEINBERG, Charles Side. **Meios de comunicação de massa**. São Paulo: Cultrix, 1970. p. 149-159.

LOWENFELD, Viktor; BRITTAIN, W. Lambert. **Desenvolvimento da capacidade criadora**. São Paulo: Cortez, 1977.

LUQUET, Georges Henri. **Le dessin enfantin**. Paris: Delachaux et Niestlé, 1991.

_____. **O desenho infantil**. Porto: Livraria Civilização, 1969.

LURÇAT, Liliane. **L'activité graphique à l'école maternelle**. Paris: ESF, 1988.

MAFFESOLI, Michel. **Les temps des tribus**. Paris: Méridiens Klincksieck, 1988.

MARTINS, Alice Fátima. **O desenho reproduzido e a formação do professor de séries iniciais do ensino fundamental**. Dissertação (Mestrado em Educação) – Universidade de Brasília, Brasília, 1997.

MEYER, Philippe. Posfácio. In: FLAUBERT, Gustave. **Dictionnaire des idées reçues**. França: Mille et Une Nuits, 1994.

MONROE, Paul. **História da educação**. São Paulo: Companhia Editora Nacional, 1958. v. 2. (Biblioteca Pedagógica Brasileira).

NORDON, Didier. Introdução. In: BOUVET, Jean-François. **Du fer dans les épinards et autres idées reçues**. Paris: Seuil, 1997.

PARMEGIANI, Claude-Anne. **Les petits français illustrés**. Paris: Cercle de la Librairie, 1989.

PIERROT, Anne Herschberg. Histoire des idées reçues. **Romantisme**, Paris, n. 86, p. 101-120, 1994.

PINTO, João Bosco G. A pesquisa-ação como prática social. **Contexto e Educação**, Ijuí, ano 1, n. 2, p. 27-46, abr./jun. 1986.

POTTER, Beatrix. **12 petits livres de la mini-bibliothèque de Pierre Lapin**. França:

Gallimard Jeunesse, 1991. il. color.

RABIER, Benjamim. **Autobiographie**. 1902. Disponível em: <http://www.benjamin-rabier.com/DesktopDefault.aspx?tabid=157>. Acesso em: 8 jun. 2010.

_____. **La vache qui rit**. França, [1921?]. (Marca de queijos do Grupo francês Bel). il. color.

RÉUNION DES MUSÉES NATIONAUX. **De la physionomie humaine et animale**: dessins de Charles Le Brun gravés pour la chalcographie du Musée Napoléon em 1806. Paris, 2000. Catalogue: chalcographie du Louvre. il.

RICHTER, Ivone. Estereótipos em arte e conceitos que professores de arte interpretaram como estereótipos no trabalho de seus alunos. **Expressão**: Revista do Centro de Artes e Letras da UFSM, Santa Maria, 1983.

RIEUSSET-LEMARIÉ, Isabelle. Stéréotype ou reproduction de langage sans sujet. GOULET, Alain (Ed.). **Le stéréotype**: crise et transformations. França: Press Universitaries de Caen, 1994.

SABINO, Fernando Tavares. **Lugares-comuns**. Rio de Janeiro: Ministério da Educação e Saúde, 1952. (Cadernos de Cultura).

SANDMANN, Antonio José. **A formação de palavras no português brasileiro contemporâneo**. Curitiba: Ed. da UFPR, 1996.

SELLTIZ, Claire et al. **Métodos de pesquisa nas relações sociais**. São Paulo: Edusp, 1975.

STARFIELD, Penny. **Le stéréotype au cinema**: le cinema américain de 1967 a 1977. (Thèse de doctorat) – Université Paris VII, Paris, 1993.

STERN, Arno; DUQUET, Pierre. **Del dibujo espontâneo a las técnicas gráficas**. Buenos Aires: Kapeluz, 1961.

THIOLLENT, Michel. **Metodologia da pesquisa-ação**. São Paulo: Cortez; Autores Associados, 1985.

VIANNA, Maria Letícia Rauen. Das "idées reçues" francesas aos desenhos recebidos brasileiros. **Revista Tuiuti Ciência e Cultura**, Curitiba, v. 11, p. 36-43, 1999a. Disponível em: <www.artenaescola.org.br/pesquise_artigos.php>. Acesso em: 28 maio 2010.

_____. Desenhos estereotipados: um mal necessário ou é necessário acabar com este mal? **Advir**, Rio de Janeiro, n. 5, p. 55-60, 1995. Disponível em: <www.artenaescola. org.br/pesquise_artigos.php>. Acesso em: 28 maio 2010.

_____. **Desenhos estereotipados oferecidos às crianças por seus professores**. Brasília, 1987. Comunicação apresentada no Festival Latino-Americano de Arte e Cultura.

_____. **Desenhos recebidos e imageria escolar**: uma possibilidade de transformação. 249 f. Tese (Doutorado em Arte) – Escola de Comunicações e Artes da Universidade de São Paulo, São Paulo, 1999b.

_____. **Les dessins reçus**. Paris, 1997. Comunicação apresentada no seminário Etát des recherches du Centre D'études sur l'Actuel et le Quotidien, Sorbonne, Paris.

_____. Tesouras sensíveis: a arte da apropriação e intervenção em imagens fotográficas impressas. **Revista Tuiuti Ciência e Cultura**, Curitiba, v. 24, p. 177-191, 2001.

_____. Verossimilhanças, dessemelhanças e incongruências: algumas características das imagens para crianças na França e no Brasil. **Revista Tuiuti Ciência e Cultura**, Curitiba, v. 16, p. 206-228, mar. 2000.

VYGOTSKY, Lev Semenovich. **La imaginación y el arte en la infancia**. Madrid: Akal, 1982.

WALLON, Henri; LURÇAT, Liliane. **El dibujo del personaje por el niño**: sus etapas y cambios. Buenos Aires: Proteo, 1968.

WALLON, Phillipe. Dessin et milieu. In: WALLON, Phillipe; CAMBIER, Anne; ENGELHARDT, Dominique. **Le dessin de l'enfant**. Paris: Presses Universitaires de France, 1990. p. 141-153.

WALLON, Phillipe; CAMBIER, Anne; ENGELHARDT, Dominique. **Le dessin de l'enfant**. Paris: Presses Universitaires de France, 1990.

WIDLÖCKER, Daniel. **Interpretação dos desenhos infantis**. Petrópolis: Vozes, 1971.

WILSON, Brent; WILSON, Marjorie. Uma visão iconoclasta das fontes de imagens nos desenhos de crianças. In: BARBOSA, Ana Mae Tavares (Org.). **Arte-Educação**: leitura de subsolo. São Paulo: Cortez, 1997. p. 57-75

ZILBERMAN, Regina. Literatura infantil: livro, leitura, leitor. In: ZILBERMAN, Regina (Org.). **A produção cultural para a criança**. Porto Alegre: Mercado Aberto, 1982. p. 93-115.

Agradecimentos

Construir um livro não é trabalho individual do autor, mas de um coletivo de muitas pessoas. Se considerar que este livro, de certa forma, começou a ser escrito há mais de 20 anos, conseguir lembrar de todas as pessoas que tiveram nele algum tipo de participação não seria possível. Lembro-me de muitas, mas, certamente, não de todas: foram alunos, professores, colegas de trabalho, amigos, parentes... Impossível recuperar todos os seus nomes e mensurar com exatidão o tipo de contribuição de cada um. Durante todo este tempo, a alguns agradeci pessoalmente; a outros, formalizei minha gratidão nas páginas pré-textuais da tese que se transformou neste livro.

Então, reiterando aqueles agradecimentos já feitos em outras ocasiões, aos partícipes mais recentes, quero agradecer agora.

A transformação "de tese em livro" foi um longo e difícil processo, de muitas lutas e muitas cabeças. Assim, agradeço à Lindsay Azambuja, editora-chefe, que me conhece há alguns anos e já mostrou ser minha amiga em ocasiões anteriores. Foi ela quem me deu a notícia que eu esperara por mais de 10 anos: publicaria o meu livro. A partir daí, tive a satisfação de trabalhar meses a fio com Eliane Felisbino, na preparação e (re)montagem dos originais, a qual, até nos últimos momentos, mesmo estando em licença médica, teve que ser incomodada para emitir suas preciosas opiniões sobre detalhes da revisão final deste trabalho e, com menor frequência, com Danielle Scholtz, que realizou obstinadas pesquisas de iconografia. Depois, passei a ter contato com Raphael Bernadelli, editor de arte, que demonstrou incomum paciência e compreensão para com meu "perfeccionismo preciosista" (ou "preciosismo perfeccionista") na montagem visual deste livro, tendo sido o interlocutor incansável entre mim e os demais da equipe (que, aliás, ainda nem conheci pessoalmente): Mayra Yoshizawa que, a meu pedido, teve que (re)fazer muitos ajustes na sua criação da capa do livro e Roberto, que é Querido até no sobrenome, fazendo esforços, tentativas e adaptações no seu projeto gráfico e diagramação, para entender e realizar o que eu solicitava reiteradas vezes. A todos e à própria Editora InterSaberes que se dispôs a assumir todos os riscos e ônus (materiais e imateriais) decorrentes desta publicação, o meu agradecimento sincero por tornarem realidade este tão acalentado sonho.

Encarte das ilustrações em cores

FIGURA 1.4 DA PÁGINA 37

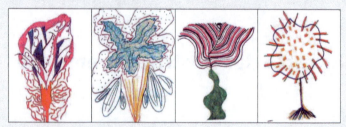

Figuras da página 113

Figuras da página 114

Figuras da página 116

Figuras da página 116

Figuras da página 116

Figuras da página 117

Figuras da página 118

Figuras da página 118

Figuras da página 119

Figuras da página 119

FIGURAS DA PÁGINA 119

FIGURAS DA PÁGINA 120

FIGURAS DA PÁGINA 122

Figuras da página 123

Figuras da página 123

Figuras da página 124

Figuras da página 126

Figuras da página 135

Figuras da página 136

Figuras da página 137

Figuras da página 146

Figuras da página 146

Figuras da página 147

Figuras da página 163

Figuras da página 164

Figuras da página 164

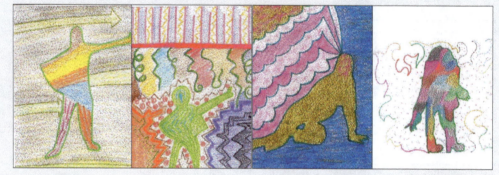

Figuras da página 165

Figuras da página 165

Figuras da página 165

Figuras da página 167

FIGURAS DA PÁGINA 171

FIGURAS DA PÁGINA 172

Figuras da página 173

Figuras da página 174

Figuras da página 175

Figuras da página 175

FIGURAS DA PÁGINA 176

FIGURAS DA PÁGINA 177

Impressão: BSSCARD

Fevereiro/2013